少年简读中国史

陆 帅 ◎ 著

魏晋南北朝

南京大学出版社

目录

引言：南北对立的时代　　　　　　　　4
魏晋南北朝时期诸政权简表　　　　　　7

【英雄争霸：三国西晋】
乱世英雄：曹操　　　　　　　　　　10
仁德之君：刘备　　　　　　　　　　17
吴大帝：孙权　　　　　　　　　　　26
卧龙丞相：诸葛亮　　　　　　　　　34
三国鼎立：赤壁之战　　　　　　　　41
有始无终：晋武帝司马炎　　　　　　48

【江左风流：东晋南朝】
王与马共天下：东晋的建立　　　　　55
风流宰相：谢安　　　　　　　　　　61

气吞万里如虎:刘裕北伐　　　　　　68
自我得之,自我失之:梁武帝萧衍　　74
千军万马避白袍:陈庆之　　　　　　83
六朝都城:建康　　　　　　　　　　90

【金戈铁马:十六国北朝】
王子复国:刘渊建汉　　　　　　　　97
大赵天王:石勒　　　　　　　　　　103
草木皆兵:淝水之战　　　　　　　　110
追求华夏正统:北魏孝文帝改革　　　117
神武大帝:高欢　　　　　　　　　　125
隋平陈:天下归一　　　　　　　　　133

魏晋南北朝大事年表　　　　　　　　139

引言：南北对立的时代

魏晋南北朝是中国历史上有名的乱世。所谓乱世，最典型的特征就是政治分裂。在这一时期，无论在南方、北方，都先后出现了诸多政权。为了方便读者，在此将各时代的主要政权与历史梗概稍作概述（诸政权具体信息，可参见"魏晋南北朝时期诸政权简表"）。

汉灵帝光和七年（184），黄巾起义爆发，揭开了魏晋乱世的序幕。这场社会危机虽然很快被平定，东汉政治却由此急速衰落。在中央，外戚、宦官、朝臣之间的矛盾日甚一日，最终引发变乱，西北军阀董卓趁势进京，掌握朝政。而在地方，之前为了镇压黄巾起义，州刺史（州牧）、郡太守被授予募兵的权力。随着朝廷变乱，他们纷纷拥兵自重。此时东汉政权虽未灭亡，但实质已进入群雄割据的时代。袁绍、袁术、董卓、曹操、刘表、刘焉、张鲁、孙策、公孙瓒、马腾等，纷纷盘踞一方，相互征战。经过官渡之战、赤壁之战等残酷的战役，最终天下形成三分形势：曹操掌握中原，刘备控制巴蜀，孙权虎踞江东，成鼎立之势。这也就是所谓的三国时代。

公元220年，曹操去世，其子曹丕逼迫汉献帝禅让。至此，东汉政权正式灭亡,曹魏政权建立。与此同时,刘备、孙权也先后称帝,建立蜀汉、孙吴政权。公元263年,蜀汉政权为曹魏所灭。两年后,曹魏政权亦灭亡,禅让帝位于司马炎,西晋王朝建立。公元280年,西晋攻灭孙吴,至此统一全国。然而好景不长,晋武帝司马炎死后,八王之乱很快发生,西晋政权陷入混乱。同时,居住于今山西省北部的匈奴人刘渊建立汉赵政权,并率军南下。公元316年,西晋政权被汉赵政权灭亡。次年,据守江东的司马睿建立东晋政权。

东晋政权前后共计103年,以长江中下游地区为主要疆域。与此同时,长江上游的巴蜀地区以及中原北方地区先后出现了大小数十个政权。由于这些政权多数由非汉族群,即"胡人"所建立,再加上此后有崔鸿撰写《十六国春秋》一书,记录这些政权的相关历史,长江上游与中原北方地区的这一历史阶段也被称为"五胡十六国"的时代,但实际存在的政权远不止十六个。

公元420年,东晋皇帝禅位于权臣刘裕,至此东晋灭亡,宋王朝建立。大约在此前后,中原北方地区也由北魏政权完成了统一,如此就形成了南、北两大政权相互对峙的局面。南北朝的时代到来了。

南北朝时期,政治依然十分不稳定。南朝先后经历了宋、齐、梁、陈四个政权,北朝在北魏政权之后,分裂为东魏、西魏,随后又演化为北齐、北周两个政权。因此,也有学者认为,在北魏分裂之后,又进入了一个新的三国时代。公元577年,北齐政权为北周政权所灭。但仅仅四年之后,北周皇帝又禅位于杨坚,隋王朝建立。公元589年,隋军攻入陈朝都城建康,陈朝灭亡。将近四百年的乱世终于结束,崭新的隋唐时代开始了。

乱世出英雄。无论是曹操、刘备、诸葛亮、羊祜,还是苻坚、刘裕、元宏、宇文泰,无一不试图通过自己的努力令天下一统,致太平之世,他们是英雄。而谢安、韦睿、陆逊,在强敌压境之际固守家园,保一方百姓平安,他们也是英雄。再如英勇豪迈的孙权、刘渊、石勒、高欢,文武兼具的吕蒙、杜预、萧衍,长于谋划的崔浩、苏绰……甚至在后世受到负面评价的司马懿、司马炎、桓温、陈叔宝,也颇为特立独行,充满着人格魅力。从这些人物故事中,我们能看到人性的华彩与光辉,更能看到这一时代的勃勃生机。

当然,不断的政权更迭、政治斗争,再加上灾害、战乱、瘟疫,生活在魏晋南北朝时期的人们是痛苦的。然而,在这混乱与痛苦之中,也孕育着制度的革新、文明的升华。隋唐时代的基本制度,如三省六部制、科举制、均田制、府兵制、募兵制、租庸调制、律令制等,无不脱胎于魏晋南北朝时期。伴随着民族融合、宗教兴盛,魏晋南北朝时期的思想、文化不断演进,玄学、楷书、合本子注、永明体、四声八病、圆周率、百炼钢,无一不是中华文明的一座座高峰。在此,也希望各位小读者能够通过本书,更为立体、多元地认识魏晋南北朝这一极具魅力的时代。

魏晋南北朝时期诸政权简表

时期	政权		都城	时间（年）
三国	曹魏		洛阳	220—265
	蜀汉		成都	221—263
	孙吴		武昌·建业	222—280
西晋	西晋		洛阳	265—317
东晋十六国	东晋		建康	317—420
	十六国	汉·前赵	左国城·平阳·长安	304—329
		成汉	成都	306—347
		前凉	姑臧	317—376
		后赵	襄国·邺	319—351
		前燕	邺	337—370
		前秦	长安	351—394
		后燕	中山	384—409
		后秦	长安	384—417
		西燕	长子	384—394
		西秦	苑川	385—431

(续表)

时期	政权		都城	时间(年)
		后凉	姑臧	386—403
		南凉	乐都	397—414
		南燕	广固	398—410
		西凉	酒泉	400—421
		北凉	张掖	401—439
		夏	统万城	407—431
		北燕	龙城	409—436
南北朝	南朝	宋	建康	420—479
		齐	建康	479—502
		梁	建康	502—557
		陈	建康	557—589
	北朝	北魏	平城·洛阳	386—534
		东魏	邺	534—550
		北齐	邺	550—577
		西魏	长安	535—556
		北周	长安	557—581

乱世英雄：曹操

三国,是乱世,更是豪杰、英雄辈出的时代。在三国历史舞台上驰骋的英杰,有关羽、张飞这样的勇武将军,也有诸葛亮、周瑜这样的足智多谋之士。而才兼文武,立于三国时代顶端的,唯有一人,那便是曹魏政权的奠基者——魏武帝曹操。

家世优越

曹操,字孟德,小名阿瞒,他是沛国谯县(今安徽亳州)人,出生于东汉永寿元年(155)。与中国历史上许多开国皇帝不同,曹操并非贫苦出身。相反,他的家世非常优异。《三国志》记载,曹操为西汉丞相曹参之后,未必可靠。不过,曹操的父亲曹嵩是实打实的朝廷高官。在汉灵帝时,曹嵩官至太尉,名义上掌管全国的军事力量。说曹操是含着金钥匙长大的,也不为过。

尊贵的身世,让曹操很轻松地进入东汉最顶尖的官场之中。熹平三年(174),曹操被举为孝廉,后被任命为洛阳北部尉,负责首都治安,大权在握。此时的曹操,是一个很有政治理想的青年。洛阳为东汉都城,是皇亲贵戚聚居之地,很难治理。他一到任,就申明禁令,严肃法纪,造五色大棒十余根,以惩不法。当时,皇帝宠信

乱世英雄：曹操

的宦官蹇硕的叔父蹇图违反法律，曹操毫不留情，将蹇图用五色棒处死。此举大快人心，也得罪了一些当朝权贵，曹操很快被调任为顿丘令。顿丘县，大致位于今天河南省的东北部。

镇压黄巾军

中平元年（184），黄巾之乱爆发，曹操被拜为骑都尉，受命与皇甫嵩等人合军进攻颍川的黄巾军，结果大破黄巾军，斩首数万级，以军功被迁为济南国的国相。曹操到任后，大力整饬官场，一下奏免十分之八的官员，整个济南国震动，贪官污吏纷纷逃窜，据说"政教大行，一郡清平"。然而，曹操这次依然势单力薄，朝廷对他的做法不置可否。面对黑暗的政治，曹操失望了，托病回归乡里，春夏读书，秋冬打猎。但不久后，汉灵帝为巩固统治，建立新军，设置西园八校尉掌管。在皇帝的征召下，曹操被任命为其中的典军校尉。第二年，汉灵帝驾崩，董卓入京，执掌朝政，自称太师。曹操见董卓倒行逆施，不愿与其合作，又担心遭董卓迫害，于是逃出京师洛阳，与袁绍、袁术、陶谦等共举义

明代《三才图会》中的曹操像
曹丕称帝后，追封曹操为武皇帝，庙号太祖

兵,讨伐董卓。

曹操、袁绍等人对董卓不断展开攻势。多次被联军击败的董卓胁迫汉献帝将都城迁往长安,自己则焚毁洛阳宫室,挖开皇陵,盗取皇陵中陪葬的贵重器物,劫掠人民,致使都城洛阳荒芜凋敝、无复人烟。曹操见众人难成大事,于是独自引军西进。行至荥阳汴水时,与董卓大将徐荣交锋,因为士兵数量悬殊,曹操大败,士卒死伤大半,自己也被流矢所伤,幸得堂弟曹洪所救,幸免于难。听闻曹操兵败,联军其他将领就更不敢前进了,反而相互内斗火拼,最终不欢而散。

联军解散后,正值盘踞青州的黄巾军攻入兖州,兖州牧(兖州的长官)刘岱战死。在好友鲍信的邀请下,曹操来到兖州,担任兖州牧,一起对抗黄巾军。在并肩作战的过程中,鲍信战死,而曹操使用各种计谋,昼夜会战,终于将黄巾军击败,获得人口百余万,其中降卒就有三十余万。曹操将其中的精壮军力收编为军队,号称"青州兵"。从此,精锐的"青州兵"成为曹操争雄天下的重要资本。

逐鹿中原

建安元年(196),原本被董卓掠往长安的汉献帝出逃,曹操听闻此事后,立刻派兵迎接。因护驾有功,汉献帝先后封曹操为司隶校尉、录尚书事、司空,代行车骑将军的职责。这些职位,无论在官品上,还是在实际权力方面,都是朝廷中一等一的高官。如此一来,曹操就从一个普通的地方军阀,一跃而成东汉朝廷的"代言人",无论是征讨还是外交,均有汉献帝的诏令为依托,在道义上占尽先机。只身前来的汉献帝,虽然名义上受到曹操的尊敬,但其实只是个说话不算数的傀儡皇帝。因此,有不少政敌都攻击曹操是

"挟天子以令诸侯"。

在官渡之战取得胜利后,曹操逐渐统一北方,成为中原地区的霸主。随着北方的基本平定,他转而南向。于建安十三年(208)七月发兵南征荆州刘表。八月,刘表病死,其子刘琮接任荆州牧。九月,曹操大军进至新野,刘琮以为无法抵挡,举荆州之众投降曹操。

玉玦　文物现藏于南京市博物馆

此时,曹操想趁势一举鲸吞江东,完成统一天下的大业,而孙权、刘备两家在鲁肃和诸葛亮等人的努力下,组成联盟,孙权命都督周瑜率军三万,与刘备的两万人马组成联军抵抗曹操。曹操自江陵东下,驻扎于赤壁,与对方隔江对峙。周瑜用诈降之计,命大将黄盖率小战船十艘,上装柴草,灌以膏油,船头钉上大钉,假称投降,向北岸而进,至离曹营二里之处时,各船一齐点火,然后借助风势,直向曹军冲去,曹军大败,舟船被烧。曹操率军从华容道陆路狼狈逃回江陵,撤军北还。这些与《三国演义》里的描述基本一致。不过,关羽并未在华容道拦截曹操。所谓关羽义释曹操的故事,出自小说家的虚构。

血珀骑羊俑

曹魏墓出土的血珀骑羊俑　文物现藏于洛阳博物馆

回到北方后,曹操放弃了短期内一统天下的想法,开始在境内经营生产,发展经济。建安二十一年(216)四月,汉献帝册封曹操为魏王,邑三万户,位在诸侯王上。上奏时,曹操不必称臣;受诏书时,也无须向皇帝下拜。以邺城为魏国国都,曹操之子皆为列侯。此时,曹操虽然名义上为汉臣,实际上和皇帝已经没有区别了。

樊城之战

很快,刘备手下的大将关羽从荆州向曹操发起了进攻。曹操闻知,立刻派大将于禁、庞德率兵救援关羽围攻的军事重镇——樊城。当时正值夏季,天降大雨,洪水泛滥。关羽乘大船进攻,擒于禁,斩庞德,趁势进军,将樊城围住,中原震动。时樊城曹军只有数千人,城被大水所淹,水面离城楼仅有数尺,曹仁率军死守。曹操又派徐晃领兵救援,本人又从关中赶到洛阳,亲自指挥。

这一场攻防战,最终以戏剧化的结尾收场。在徐晃、关羽鏖战之际,孙权发兵偷袭荆州,关羽得知后,立即率军援救,但败走麦城,为孙权所擒杀。曹操得知,既长舒一口气,为樊城解围感到轻松;同时,又为老相识关羽之死而悲哀。此时,孙权遣使入贡,向曹操称臣,并劝曹操取代汉朝自称大魏皇帝。曹操将孙权来书遍示内外群臣,说:"孙权这是想把我放在火炉上烤呀!"曹操手下群臣趁机向曹操劝进。但曹操并不想废汉献帝而自立。他说:"如果天命真的在曹氏,那么我就当周文王吧!"周文王是周武王的父亲,为商朝的诸侯。周文王死后,其子周武王伐纣,建立周朝。曹操这句话,意思是他想把废汉建国的大业留给子辈完成。也许是年事已高,也许是做了几十年的汉臣,总而言之,晚年的曹操没有篡位称帝的打算。

建安二十五年(220)正月,曹操还军洛阳。当月病逝在洛阳,终年六十六岁,谥曰武王。根据曹操的遗嘱,他被安葬于邺城西郊的高陵。曹操之子曹丕继位后,很快废除了汉献帝刘协的皇帝之位,建立了曹魏政权,追谥曹操为魏武帝。

在东汉末年的乱世中,曹操是首屈一指的英雄豪杰,文武兼备。他不仅善于打仗,对诗歌也很精通,留下了许多优美的诗篇,甚至我们今天看到的《孙子兵法》十三篇,也是由曹操最终刊定完成的。同时,曹操也是一个有趣、真性情的普通人,史书记载,曹操与宾客宴会,说到高兴的时候哈哈大笑,头低到餐桌上,甚至把头巾都沾湿了。当然,作为一个乱世中的政治家,曹操并非完人,在他的身上也有残酷、多疑、狡诈的一面。

但无论如何,曹操始终是一个英雄人物。古往今来,他的霸业、他的人格魅力,为人们所敬佩、效法。陈寿在《三国志》中说曹操是"非常之人,超世之杰",鲁迅先生也曾说:"曹操是一个很有本事的人,至少是一个英雄。我虽不是曹操一党,但无论如何,总是非常佩服他。"甚至毛主席也曾赋诗:"往事越千年,魏武挥鞭,东临碣石有遗篇。"

曹魏正始石经(局部)　文物现藏于洛阳博物馆

仁德之君：刘备

在三国乱世中，豪杰曹操统一北方，挟天子以令诸侯，实质上篡夺了汉王朝。与此同时，也有人以复兴汉室为己任，与曹操展开了激烈的对抗，这个人就是有名的仁德之君——刘备。

幼存远志

刘备，字玄德，涿郡涿县（今河北涿州）人，据说是汉景帝之子中山靖王刘胜的后代。刘备的祖父叫刘雄，官至东郡范县的县令。刘备的父亲名为刘弘，去世得很早，因此少年时代的刘备家中贫穷，与母亲以织席、卖草鞋为业，生活非常艰苦。刘备家东南角的篱墙上有一棵桑树，高五丈余，从远处看就好像车盖一样，来往的人都觉得这棵树长得不像凡间之物，认为此家必出贵人。刘备小时候与同宗小孩在树下玩乐，指着桑树说："我将来一定会乘坐这样的羽葆盖车。"当时，只有皇帝、高官才有资格坐这种车。由此可见，刘备从小就拥有远大的志向。

熹平四年（175），刘备十五岁时，母亲让他外出游学。刘备与同宗刘德然、辽西人公孙瓒一起拜原九江太守、同郡大儒卢植为师学习。公孙瓒与刘备既是同学，又结交为好友；公孙瓒比刘备年长,于是刘备将公孙瓒视作兄长。史书记载,刘备身长七尺五寸,两手下垂超过膝盖,能看见自己的耳朵;不爱说话,能善待下人,喜怒不形于色。刘备不爱读书,却喜欢结交豪杰,当地豪侠都争着依附刘备。中山大商张世平、苏双等携带大笔财物,贩马来到涿郡,见到刘备,于是给其资助,刘备用以结交了许多豪杰英雄。

桃园结义

中平元年(184),黄巾起义爆发,二十四岁的刘备加入了东汉政府征召的义兵。史书记载,就是在这段时间,刘备结识了关羽、张飞,三人亲密如兄弟。关羽、张飞同尊刘备为大哥,无论刘备去哪儿,两人必定跟随,不避艰险。后世的人们,更是创造了三人桃园结义的经典传说。例如小说《三国演义》中的第一回就写到,刘备、关羽、张飞三人不打不相识,随后在张飞庄中桃花盛开的桃园里,备下乌牛白马,祭告天地,焚香再拜,结为异姓兄弟,不求同年同月同日生,只愿同年同月同日死。在秦汉三国时代,社会上充满豪侠之风,

明代《三才图会》中的汉昭烈帝刘备像

但没有结义的习惯。宋代开始,结义的情况变得普遍起来。元末明初的小说家罗贯中在撰写《三国演义》时所创作的桃园结义的故事,实际反映了他所在时代的社会特征。

仁德之君：刘备

入主徐州

黄巾起义结束后，群雄割据，青州刺史田楷不愿意投降冀州牧袁绍，举兵反抗。刘备帮助田楷，因为累次建立功勋而升为试守平原县县令，后任平原国的国相。兴平元年（194），曹操以为父报仇为名再度攻打徐州，徐州牧陶谦不能抵挡，向青州刺史田楷求救。田楷与刘备一起前往救援，到徐州后，陶谦为刘备增丹杨兵四千，刘备于是又归属陶谦。为报答前来救助之恩，陶谦上表奏请刘备为豫州刺史，使刘备驻军于小沛。次年，陶谦病重，对自己的副官麋竺说："非刘备不能使徐州安定。"于是在陶谦死后，麋竺率徐州人民迎接刘备进城，刘备再三推脱，最终在陈登、孔融的劝说下，掌管徐州事务。很快，刘备响应朝廷号召，出兵攻打袁术，没想到吕布偷袭徐州，刘备没有了驻地，无奈之下，只能投奔曹操，之后与曹操一同击败吕布，被封为左将军。

煮酒论英雄

击败吕布后，刘备来到许都，终于有机会见到了汉献帝。对于这个皇叔，汉献帝非常看重，认为光复汉室有望。而曹操的部下们，则提醒曹操不可小看刘备。例如著名的谋士郭嘉就对曹操说："刘备有雄才，得人心；关羽、张飞都是力敌万人的猛将。以我的观察，刘备不会甘居人下，不如早些除去。"在《三国演义》中，曹操为了试探刘备，特意邀请刘备一同饮酒聊天，这便是"煮酒论英雄"的佳话。

据说，某天乌云密布，大雨将至，曹操邀请刘备品青梅、煮好酒，一同品评天下人物。曹操对刘备说："玄德（刘备的字）游历四方，所见人物无数，和我说说谁是英雄吧！"刘备说："淮南袁术，兵粮足备,可为英雄?"曹操笑着说:"不过是冢中枯骨,我早晚必擒之!"玄德又说:"河北袁绍,四世三公,门多故吏;今虎踞冀州之地,部下多有能人,可为英雄?曹操笑着说:"袁绍色厉胆薄,好谋无断;干大事而惜身,见小利而忘命,不是英雄。"玄德说:"刘表名称八俊,威镇九州,可为英雄?"曹操说:"刘表虚名无实,不是英雄。"玄德又说:"孙策血气方刚,乃江东领袖,可谓英雄!"曹操说:"孙策借父之名,非英雄也。"如此,刘备说了许多人,曹操都说不是英雄,

《隆中对》 赵秦绘

刘备反问曹操:"那么当今天下,谁可称英雄?"曹操拿手指指刘备,又指指自己,说:"当今天下的英雄,只有你我而已!"刘备听曹操这么说,知道对自己已经有所忌惮,大吃一惊,手中的筷子不觉落地。

仁德之君：刘备

当时正值天雨将至，雷声大作，刘备慢慢捡起筷子，故作镇定地说："刚才突然惊雷，被吓得不轻。"曹操看刘备害怕打雷，以为他胆量并不算大，所以对刘备的疑心稍稍减弱了一些。

不过，刘备知道，曹操终究不能容纳自己，于是向曹操请求发兵攻打袁术，借机逃出曹操的掌控，占领了下邳、小沛。曹操随后便派大军将刘备的部队打散，刘备不得已，只身投奔袁绍。不久后，袁绍在官渡之战中失败，刘备预见曹操即将统一北方，于是又动身南下投奔刘表。刘表亲自到郊外迎接刘备，待以上宾之礼，将新野之地让出，令刘备驻扎。在荆州的时光，是刘备难得闲散的一段时期。

刘备在荆州不断寻求人才，试图东山再起。正是在荆州，他遇见了此后蜀汉政权中最为重要的谋士与大臣——诸葛亮。后世不断传唱的"三顾茅庐"的故事，正来源于此。

三顾茅庐

据说，刘备在荆州听闻诸葛亮很有学识，又有才能，就和关羽、张飞带着礼物去请诸葛亮出山辅佐。恰巧诸葛亮出门未归，刘备只得失望地回去。不久，刘备又和关羽、张飞冒着大风雪第二次去请，不料诸葛亮又外出闲游去了。张飞本不愿意再来，见诸葛亮不在家，就催着要回去。刘备只好留下一封信，表达自己对诸葛亮的敬佩之情，并请他出来帮助自己挽救国家危难局面。过了一段时间，刘备准备再去请诸葛亮，关羽说诸葛亮也许是徒有虚名，未必有真才实学，不用去了。张飞却主张由他一个人去叫，如他不来，就用绳子把他捆来。刘备把张飞责备了一顿，又和他俩第三次去请诸葛亮。当他们到诸葛亮家时，已经是中午，诸葛亮正在午睡。

刘备不敢惊动他，一直站到诸葛亮醒来，才彼此坐下谈话。

根据《三国志》的记载，在与诸葛亮见面后，刘备叫旁边的人退下，向诸葛亮询问："汉室的统治崩溃，奸邪的臣子盗用政令，皇上蒙受风尘遭难出奔。我不能衡量自己的德行能否服人，估计自己的力量能否胜任，想要为天下人伸张大义，然而我的才智与谋略短浅，弄成今天这个局面。但是我的志向到现在还没有减退。您认为该采取怎样的办法呢？"

《三国志通俗演义》中收录的"定三分亮出草庐"

诸葛亮见刘备三次前来，十分诚恳，于是为刘备分析天下局势，定下了"占据荆、益，徐图中原"的谋划，这便是著名的"隆中对"。刘备听完诸葛亮的分析，非常高兴，认为诸葛亮是能够辅佐自己复兴汉室的人，于是请诸葛亮出山相助。而诸葛亮也认为刘备是仁德之君，如果统一天下，一定能够开创太平盛世，便爽快地答应了。

仁德之君

在诸葛亮出山不久,基本统一北方的曹操亲率大军南下,而此时刘表病死,刘表次子刘琮代立,派遣使者投降曹操,刘备屯兵樊城,不知道曹操军队突然到来,到了宛城才知道状况,随即率军离开。路经襄阳时,诸葛亮建议刘备攻打刘琮,可占据荆州,但刘备因和刘表同宗,不忍相夺。刘备在城外喊刘琮,刘琮因为害怕,不敢出来,刘琮的部下以及很多荆州士人投靠刘备,到当阳时,竟有十余万军民,辎重数千辆,人数众多,前行缓慢,日行十余里,刘备另派遣关羽乘船数百艘,让他和自己于江陵会合。有人劝说刘备:"现在应该迅速保住江陵,虽然人数众多,但是士兵太少,若曹操来了,我们怎么阻挡?"但刘备说:"想要成大事必须以人为本,现在这么多人背井离乡跟着我,我怎么忍心抛下他们!"为了保护百姓,刘备的行军速度过慢,被曹操追上,不仅军队损失惨重,连刘备的两个女儿也被曹纯俘虏。万幸的是,刘备因张飞据水断桥赢得逃亡时间,而甘夫人和儿子刘禅在赵云的保护下幸免于难。战后刘备放弃前往江陵的计划,转为前往江夏和刘表长子刘琦会合。战后,东吴吊唁刘表的使者鲁肃劝说刘备联合孙权共抗曹操,诸葛亮被派往东吴商谈联盟事宜,孙刘联盟形成,最终在赤壁击败了曹操,奠定了三国鼎立的局面。

赤壁之战后,刘备逐渐掌握了荆州、益州,进位汉中王,部分达成了诸葛亮"隆中对"的设想。然而,就在刘备派遣关羽徐图中原时,孙权突然背叛联盟,派遣军队突袭荆州,将关羽杀害。得知此事,刘备悲痛万分,发兵讨伐东吴,而张飞又被他的部下所害。孙权派遣使者前来请和,刘备大怒不许。

章武二年(222)春季,刘备派遣黄权都督江北水军,自率陆军进军。然而,至秋七月,刘备被吴将陆逊在夷陵之战中打败,将军冯习、张南、傅肜、程畿等战死。刘备退至永安,孙权又再次派遣使者请和,这次刘备同意了。

夷陵之战,不仅未能为二弟关羽复仇,还使得三弟张飞死于非命,统一天下的大业也因此次大败而遥遥无期,刘备心灰意冷,不久病逝于白帝城,享年六十三岁,谥号汉昭烈帝。在临终之际,刘备托孤于诸葛亮,蜀汉政权由此进入了

《历代帝王图》中的蜀主刘备像

后主刘禅的时代。

在三国乱世中,刘备是少数以仁德著称的君主。虽然在谋略、能力上略有不足,但他所具有的高尚情怀,在乱世中感化了许多人。临死前,刘备依然不忘教育刘禅"勿以恶小而为之,勿以善小而不为""惟贤惟德,能服于人"。夷陵之战后,都督江北水军的黄权被切断返蜀的道路,因不想投降孙权,不得不归降曹丕。蜀国有关部门依照法规,上报抓捕背叛蜀地的黄权的家人,刘备说:"是我对不起黄权,黄权没有对不起我。"于是仍像以前那样对待他的家人。同时,在曹魏内部,也有人传言刘备已经诛杀了黄权的家人。黄权对曹丕说:"我与刘备、诸葛亮推心置腹。"他相信刘备仁德,不会做出这样的事,后来果然和他判断的一样。

实际上,在刘备的影响下,蜀汉也是当时君臣最为和谐、少有阴谋诡计的政权。在三国之中,蜀汉最为弱小,所处区域也最为偏僻,古往今来,却最为人们所喜爱、推崇。原因便在刘备的仁爱,诸葛亮的忠诚,关羽、张飞的义薄云天,无一不是人们普遍认可、追求的美德。在残酷冷血的乱世之中,蜀汉政权君臣和谐,同舟共济,难能可贵地保留着人性的温暖与光辉。对蜀汉政权的喜爱,寄托着普通大众对追求太平盛世的美好理想。

吴大帝:孙权

三国时代,除了曹操奠基的魏国、刘备建立的蜀汉,另一个主要政权,则是由吴大帝孙权所创建的吴国。由此便不难想见,孙权是与曹操、刘备一样在乱世中叱咤风云的英雄人物。史书记载,孙权的外貌不凡,有帝王之相。《江表传》云,孙权出生时脸庞周正,目光颇有神采,不同凡响。东汉朝廷使者刘琬奉命授予孙策官爵时,曾为孙权诸兄弟一一相面。刘琬形容孙权最为高大挺拔,认为他有大贵之表且会是孙氏兄弟中最长寿的。此外,《献帝春秋》一书还记载,孙权有紫色胡须,相貌威猛,长于骑射。

少年英杰

孙权,字仲谋,是吴郡富春县(今浙江杭州)人。他的父亲孙坚在汉末讨伐董卓的过程中屡建战功,但随后在攻打刘表的战役中死于刘表的麾下大将——黄祖之手。孙坚死后,孙权的兄长孙策继承孙坚遗志,参与群雄割据,并打下了江东基业,号称"江东小霸王"。然而,建安五年(200),孙策被许贡门客行刺而去世,临终前命孙权接替其位。当时,孙权不过十九岁,肩头便承担起父、兄未竟的事业。

吴大帝：孙权

孙权掌管权力后,被东汉朝廷册拜为讨虏将军,兼领会稽太守,驻守于吴郡。当时,孙策刚刚统一江东没有多久,地位尚不稳定,人心也还没有完全归附。孙策突然遇刺身亡,接替其位的又是个未满二十岁的少年,人心浮动,局势不安。在如此危急的形势下,孙权以张昭为师傅,以周瑜、程普等旧臣统御诸将。先率军消灭李术,得其部众三万余人,而后阻止宗室动乱,又灭山越六千,收编万余。与此同时,广招贤才,聘求名士,诸葛瑾、鲁肃、严畯、步骘、陆逊、徐盛、顾雍、顾邵等人被招至麾下,安定了地方大族及宾旅寄寓之士之心,稳定了江南局势。

在政治经验老到的同时,作为少年,孙权也有英武,甚至轻率的一面。史书记载,孙权喜爱狩猎,常常早出晚归,骑马射虎。一次,孙权至庱亭射虎,老虎向前扑上马鞍,孙权把双戟投向老虎,老虎受伤试图逃走,孙权的侍从张世趁机用戈再击,最终把老虎抓获。张昭

《历代帝王图》中的吴主孙权像

曾向孙权劝谏:"身为人君,应该能够驾御英雄,驱使群贤,怎么能够驰逐于原野,和猛兽搏斗呢?万一有什么意外,恐怕要遭天下耻笑啊!"孙权道歉:"我年纪小,考虑事情不周到,有愧于您。"说是这么说,但孙权始终没有停止打猎的爱好,还专门做了射虎车,车中不遮盖,自己在里面射虎。当时有脱群的野兽扑向孙权的车,他每次都以亲手搏击为乐。张昭多次规劝,孙权常常笑而不答。在三国主君之中,孙权恐怕是最"贪玩"的一位了,而这也正是他真性情的一面。

在江东稳定以后,孙权开始图谋向西发展,建安八年至建安十三年(203—208),孙权三次进攻江夏郡,最终击杀黄祖,报了杀父之仇。就在孙权掌控江夏郡的同时,曹操也基本统一北方,出兵南征,但随即在赤壁为孙权、刘备的联军所击败。魏、蜀、吴三国鼎立之势,由此形成。

濡须口对阵

建安十八年(213)正月,曹操率领大军南下出濡须,号称步骑四十万,临江饮马。孙权则以甘宁领兵三千为前部督,自率七万主力进驻濡须,将领周泰也率领军队前来抵挡曹军。孙权密令甘宁夜袭曹营,挫其锐气,为此特赐米酒。甘宁选手下精锐一百多人,与他们一同饮食。吃毕,甘宁用银碗斟酒,自己先饮两碗,然后斟酒给士兵,每人一银碗。至二更时,甘宁率军悄悄潜至曹操营下,拔掉防御工事鹿角,冲入曹营,斩得数十首级。此番造成魏军极度恐慌,误以为东吴大军来袭而起身备战,纷纷举起火把、擂鼓呐喊。等到曹兵反应过来时,甘宁已经撤退,回到了东吴军营。对于甘宁的勇猛,孙权非常高兴,称赞道:"孟德有张辽,我有兴霸(甘宁字兴霸),足可以匹敌了!"

不过,这次突袭未能让曹操退军。曹操继续围攻濡须,派遣水军乘油船,夜渡洲上。孙权遣军迎战,俘获曹操水军三千余人,曹操水军的沉没溺亡者亦有数千人之多。此战,孙权水军大胜,于是曹操水军坚守水寨不出。某天,孙权借着晨雾,乘轻舟去曹营前观察,舟行至五六里接近曹营。孙权命军士擂鼓奏乐,曹操见吴军整

《三国志通俗演义》中收录的"孙权领众据江东"

肃威武,随后下令弓弩齐发,不让吴船靠近。不一会儿,孙权的轻舟因一侧中箭太多,船身倾斜,孙权令调转船头,使另一面受箭,船慢慢平衡过来,这才安全返航。这便是著名的"草船借箭"历史原型。

后来,孙权数次前来,欲重施草船借箭之事。而曹操在有了前

车之鉴以后,坚守不出。于是孙权亲自前来,乘轻船,从濡须口远远来到曹操的水军营寨前。曹军诸将都以为是挑战者,曹操则说:"这一定是孙权想来亲自观察我军,不得大意。"于是,曹操下令军中皆精严,弓弩不得妄发。孙权行五六里,一边奏乐一边返回了大营。曹操见孙权的舟船器仗军伍整肃,再次感叹说:"生子当如孙仲谋!像刘表的那些儿子,不过是猪狗而已。"

曹操在熟悉了濡须水口地理环境后,用重兵围攻孙权的江西大营,俘获了镇守江西大营的东吴都督公孙阳。而东吴军队善于水战,虽然江西大营被曹军攻破,但濡须坞依然掌握在吴军手中。此时,冬去春来,春雨渐多,道路泥泞,不利于骑兵众多的曹军作战。孙权给曹操写信说:"春天的雨水即将到来,曹公应该速速撤退。"又附上一张字条,字条上写道:"曹公不死,我不得安宁。"曹操拿着信对手下诸将说:"孙权所说确实如此。"曹操知道,南方地区多雨,随着战事的胶着,时间拖得越久,对自己越不利,甚至有可能

吴大帝：孙权

成为第二次赤壁之战，于是主动撤军。这样，第一次濡须口之战便以曹操撤退，孙权防御成功而结束。

立国迁都

随着曹操撤军，孙吴政权的疆域逐渐稳定。黄龙元年（229），孙权于武昌（今湖北鄂城）登基为帝，建国号为吴，孙吴王朝正式建立。几个月后，孙权下诏迁都建业，并命上大将军陆逊辅佐太子孙登都督军国事务，驻守武昌。然而，孙权的长子孙登在赤乌四年（241）去世，孙权又立三子孙和为太子。孙和与鲁王孙霸因储君问题产生了极大的矛盾。自此，朝中大臣亦分为两派，分别支持太子和鲁王。其中，陆逊、顾谭、吾粲、朱据、诸葛恪等都支持太子孙和，而步骘、吕岱、全琮、吕据和孙弘等都支持鲁王孙霸。这场宫廷争斗，持续了将近十年，群臣各有阵营，矛盾重重，大大消耗了孙吴政权的实力。最终在赤乌十三年（250），以孙权废孙和、赐死孙霸的悲剧告终。同年十一月，孙权改立年幼的孙亮为太子。

三国时期釉下彩盘口壶上的羽人图案　文物现藏于六朝博物馆

太元元年(251)冬十一月,孙权在到南郊祭祀天地后便得了风疾,当年十二月,孙权急召大将军诸葛恪入朝,委托后事。次年夏四月,孙权在内殿驾崩,终年七十一岁,谥号大皇帝,庙号太祖,葬于蒋陵。孙权是三国时代统治者中最长寿者,他曾与曹操、刘备在同一个历史舞台做对手,而当他离世时,甚至连诸葛亮、司马懿都已不在,曹魏、蜀汉政权的君主已经换成了曹芳与刘禅,实权人物则是司马师与姜维。可以说,孙权见证了三国时代兴起,在他去世后,三国时代也即将落幕。

个人魅力

清代学者赵翼在评论三国君主时曾有精妙的总结:"大概曹操以权术相驭,刘备以性情相契,孙氏兄弟以意气相投。"所谓"孙氏兄弟以意气相投",是说孙权将臣下作为兄弟、朋友相处,重情重义,也不端架子。在史书中,我们能够看到许多这样的例子,如孙权常以表字称呼臣下。当时,只有非常熟悉的朋友之间,才会以表字相称,孙吴君臣关系之亲密可见一斑。对于部下凌统,孙权十分关爱。凌统的随从战死,孙权十分悲伤,用自己的衣袖给凌统擦干眼泪,对他说:"公绩,死的已然死了。只要有你在,还怕没有人吗?"凌统受了重伤,孙权留他在船上,帮他更衣。凌统英年早逝后,留下两个年幼的儿子。孙权收养二人在宫中,疼爱得跟自己的子女一样,凡有客人来就介绍道:"这是我的虎子呀!"令其他大臣都十分感动。

同时,孙权风趣幽默,很喜欢与大臣开玩笑。他曾对侍中郑泉说:"你喜欢当众规劝我,叫我好没面子,你不怕惹怒我吗?"郑泉回答:"臣听说有贤明的君主,就有正直的大臣。今朝廷能够畅所欲

吴大帝：孙权

神兽纹铜镜

三国吴神兽纹铜镜 朱然是三国时期吴国大将，曾跟随吕蒙擒杀关羽，与陆逊合力破刘备。文物现藏于马鞍山市三国朱然家族墓地博物馆

言，是因为大家都知道主公器量宏伟。依仗厚恩，我不怕得罪陛下。"有一次开宴会，孙权吓唬道要治郑泉的罪，郑泉快走出门的时候不停回头张望孙权。孙权喊着他的名字让他回来，笑着说："你不是不怕我生气吗？怎么还总回头看我呢？"郑泉回答："臣知道主公一向爱护臣下，肯定不会有性命之忧。快出门的时候被主公的英姿所打动，忍不住想回头再多看几眼。"孙权哈哈大笑，在孙和、孙霸储君之争发生前，孙吴朝堂上总是充满着欢快的气氛。

在三国政权中，曹魏挟天子以令诸侯，蜀汉以复兴汉室为己任，都拥有响亮的口号招揽人心。相较之下，地处东南的孙吴政权可以说短板十分明显，然而孙吴在魏、蜀、吴三国中存续最久，这与孙权豪爽、洒脱的个人魅力不无关系。

卧龙丞相：诸葛亮

诸葛亮是三国时代蜀汉的丞相，也是家喻户晓的历史人物，他足智多谋，为国鞠躬尽瘁，有"卧龙"之称。下面，我们就来看一看诸葛亮精彩而又悲壮的一生。

隆中对

诸葛亮，字孔明，汉灵帝光和四年（181）出生在琅琊郡阳都县的一个官吏之家。在琅琊郡，诸葛氏是当地望族，世代为官。不过，在诸葛亮年幼时，他的父母就都去世了，他与弟弟诸葛均由叔父诸葛玄抚养长大。汉末群雄割据，诸葛玄投奔荆州刘表，诸葛亮也由此在荆州生活了下来。

建安二年（197），诸葛玄去世，诸葛亮就在荆州的隆中隐居，平日喜欢吟诵《梁甫吟》，又常自比为春秋战国时代的管仲、乐毅，有辅世的将相之才。当时，诸葛亮声名不显，很多人对他不屑一顾，只有好友徐庶、崔州平等人知道诸葛亮身怀大才，一旦有机会，便能够脱颖而出。

官渡之战后，刘备为曹操所败，投奔荆州刘表，屯兵新野，积极联络当地的豪杰。为了寻求人才，刘备拜见号为"水镜先生"的司

卧龙丞相：诸葛亮

马徽，司马徽对刘备说："那些儒生都是见识浅陋的人，岂会了解当今的天下大势？能了解天下大势的，才是俊杰。荆州这里的才俊，唯有卧龙（诸葛亮）、凤雏（庞统）两人而已。"当时，徐庶在刘备手下任职，也一直向刘备推荐诸葛亮。刘备希望徐庶引诸葛亮来见，徐庶却建议："这人可以去见，不可以令他屈就到此。将军宜屈尊以相访。"刘备便亲自前往拜访，去了三次才见到诸葛亮。与诸葛亮相见后，刘备便叫其他人避开，向他提问平定乱世的计谋。诸葛亮则向刘备陈说了三分天下之计。

诸葛亮分析道："自董卓擅政以来，各地豪杰并起，占据州、郡数不胜数。曹操与袁绍相比，声望不高，然而曹操最终能打败袁绍，以弱胜强，依靠的不仅是天时，还有人的谋划。现在曹操已拥有百万大军，挟天子以令诸侯，这确实不能与他争强。孙权占据江东，已经历三世，地势险要，民众归附，又任用了有才能的

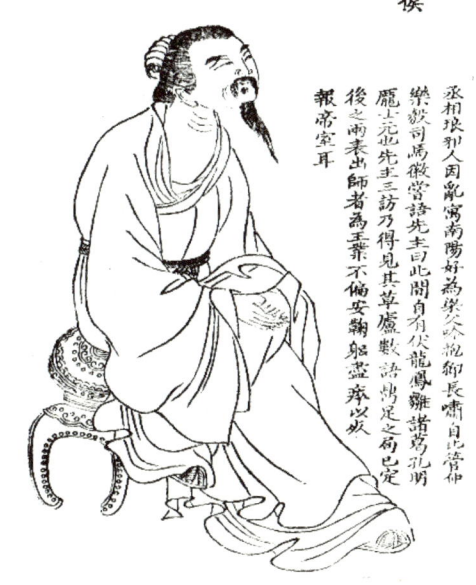

清代《无双谱》中收录的汉丞相诸葛武侯事迹

人，只可以把他作为外援，但无法吞并。荆州北靠汉水、沔水，一直到南海的物资都能得到；东面和吴郡、会稽郡相连；西边和巴郡、蜀

郡相通,这是大家都要争夺的地方,但是它的主人没有能力守住它。益州地势险要,有广阔肥沃的土地,自然条件优越,高祖凭借它建立了帝业。益州牧刘璋却不知道爱惜,有才能的人都渴望得到贤明的君主。将军是汉室宗亲,而且声望很高,闻名天下,广泛地罗致英雄,思慕贤才,如饥似渴,如果能占据荆、益两州,守住险要的地方,一旦天下形势发生了变化,就派一员上将率领荆州的军队直指中原一带,将军您亲自率领益州的军队从秦川出击,老百姓谁不欢迎将军您呢?如果真能这样做,那么称霸的事业就可以成功,汉室天下就可以复兴了。"

这篇论说,就是后世所谓的《隆中对》。刘备听完诸葛亮的分析,十分高兴,力邀诸葛亮相助,于是诸葛亮便出山入幕。当时,诸葛亮不过二十七岁。而他提出的《隆中对》,也成为了此后数十年刘备和蜀汉发展的基本国策。

白帝城托孤

蜀汉章武元年(221)七月,刘备为夺回荆州,也为了给死于孙权之手的义弟关羽报仇,亲率大军伐吴,却在夷陵被孙吴都督陆逊火烧连营,大败而归,撤退至永安白帝城。章武三年(223)二月,刘备病重,召诸葛亮到永安,与李严一起托付后事,刘备对诸葛亮说:"你的才能是曹丕的十倍,必定能够安顿国家,终可成就大事。如刘禅可以辅助,便辅助他;如果他没有才干,你可以自行取代。"诸葛亮涕泣道:"臣必定竭尽所能,到死为止!"刘备又要刘禅视诸葛亮为父。等到四月,刘备逝世,刘禅继位,封诸葛亮为武乡侯,开设官府办公,政治上的大小事务,刘禅都依赖于诸葛亮,由诸葛亮决定。本来南中地区因刘备逝世而趁机叛乱,诸葛亮因国家刚失去君主,先不发兵,而派邓芝及陈震赴东吴修好,暂时稳定住了局面。

蜀汉建兴三年(225)春天,为了解决后顾之忧,诸葛亮率军南征,讨伐雍闿、孟获,他采取参军马谡的建议,以攻心为主,先打败雍闿军,再七擒七纵孟获,至秋天平定所有乱事,十二月班师回成都。蜀汉在此获得大量的资源,组建了"无当飞军"这支劲旅。"无当飞军"以南中地区的非汉族群为主要兵源。他们皆身披铁甲,能翻山越岭,善于使用弓弩和毒箭,尤其精于防守作战。这支部队锐不可当,号为飞军,因此名为无当飞军。

北伐中原

在诸葛亮的治理下,蜀汉政治清明,府库充足,逐渐有了北伐的基础。建兴四年(226),魏文帝曹丕死,其子曹叡继位,政局一时不稳。诸葛亮抓住有利时机,决定出师北伐。次年三月,率军进驻汉中。建兴六年(228)春,诸葛亮事先扬声走斜谷道进攻长安,让赵云、邓芝设疑兵吸引曹真重兵,自己率大军攻祁山。陇右的南安、天水和安定三郡反魏附蜀,关中震动。没想到的是,魏明帝反应迅速,亲自出镇长安,命张郃率领步骑五万人前往街亭,大破马谡。同时赵云寡不敌众,也失利于箕谷。于是诸葛亮迁徙千余家返回汉中,第一次北伐至此失败。

建兴十二年(234)二月,诸葛亮经过多年的准备,率大军出斜谷道,在渭水南岸的五丈原下扎营寨,同时派使臣到东吴,提出希望孙权能一同夹击曹魏。司马懿则率领魏军背水筑营,想再次以持久战消耗蜀军粮食,令蜀军自行撤退。诸葛亮考虑到前几次北伐都因为粮草不继,功败垂成,于是开始在渭水岸边屯田生产粮食。而孙权也响应蜀汉,亲率十万大军北上攻魏,但被魏明帝曹叡

明戴进绘《三顾茅庐图》原件现藏于故宫博物院

卧龙丞相：诸葛亮

亲自率军打败。诸葛亮于是进一步分兵屯田，打算长期驻扎下去，却因过于操劳而病重。随着病情恶化，知道自己时日不多的诸葛亮开始向各将领交代后事，令杨仪、费祎统领各军撤退，魏延、姜维负责断后。不久，诸葛亮在军营中去世，蜀汉军队按照诸葛亮临终前的部署，秘不发丧，整顿军马从容撤退。

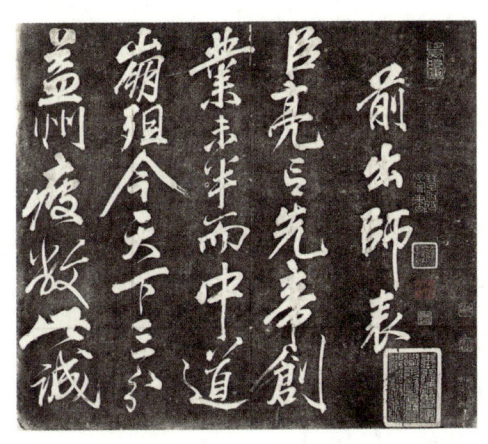

宋岳飞书诸葛武侯《前出师表》（局部），清樊登沄镌刻，光绪四年拓

根据小说《三国演义》的描写，司马懿得知诸葛亮已死，率军追击。此时，姜维推出雕刻成诸葛亮模样的木雕并率领大军回军迎击，司马懿看见木雕，认为诸葛亮是装死，以此引诱魏军出击，立即撤退，骑马飞奔数里才停下。跑出好一段距离，司马懿问左右将领："我的头还在吗？"众将回答："还在。"惊魂未定的司马懿不敢再追赶，于是蜀军从容退去，进入斜谷后，才讣告发丧。这件事情，令后来当地的百姓编歌谣说："死诸葛吓走活仲达（司马懿字仲达）。"司马懿听说蜀军进入斜谷发丧，诸葛亮确实死了，也自嘲道："活着的诸葛亮，我能预判他的行为。但去世的诸葛亮，我就拿不准了。"

随后，司马懿带兵进入蜀汉军队遗留的营寨，看布局规整，结构严密，不由感叹："诸葛亮真是天下奇才！"

蜀汉军队返回成都后，刘禅追谥诸葛亮为忠武侯。依照诸葛亮的遗言，将之葬于汉中定军山，依山势修建坟墓，墓穴仅能容纳棺材；自己则穿着平常的服装，不需要其他配葬物。诸葛亮之子诸葛瞻继承了父亲的爵位，官至尚书仆射。在蜀汉灭国之战中，诸葛瞻率军在绵竹关抵挡邓艾所率领的曹魏军队，兵败不敌，于是冲入阵内战死。

诸葛亮是著名的政治家、军事家，在曹操已经基本统一北方的情况下，另开局面，帮助刘备建立蜀汉政权，乃至于数次北伐，令曹魏政权闻风丧胆。同时，诸葛亮还擅长书法、绘画，文笔非常好，其代表作《出师表》《诫子书》，是中国古代的名篇。不仅如此，诸葛亮对科学技术也很精通，曾发明木牛流马、孔明灯等，并改造连弩，叫作诸葛连弩，可一弩十矢俱发。

与此同时，诸葛亮也是一个活生生、真性情的历史人物。在东汉末年的乱世中，与大多数人不同，他为了理想，为了知遇之恩，选择刘备作为君主，并用一生践行和报答，在万般困难中开创了蜀汉政权的基业。更不用说在刘备去世后，诸葛亮虽然大权在握，却一心为公，以复兴汉室为己任，"鞠躬尽瘁，死而后已"。可以说，诸葛亮的理想、忠诚，正是中国传统文化中忠诚与智慧的化身，而这也是为什么他能世世代代为人们所景仰、崇敬。

三国鼎立：赤壁之战

赤壁之战，是指东汉末年，孙权、刘备联军在长江赤壁一带大破曹操大军的战役。它不仅是中国历史上以少胜多、以弱胜强的著名战役，也一举奠定了三国鼎立的基础。在三国历史中，具有举足轻重的地位。

诸葛亮推动孙刘结盟

建安十三年（208）七月，已经成为中原霸主的曹操挥军南下，打算一举攻下位于长江中下游的荆州、扬州等地。八月，荆州牧刘表病死，蔡瑁、张允等就拥立刘表幼子刘琮继任荆州牧，随即投降曹操。九月，曹操到达新野，此时屯兵樊城的刘备才发现刘琮已向曹操投降，措手不及，在当阳长坂坡被曹军所击败，退往东面的军事要地——夏口。

曹操占据江陵后，继续顺长江东下，准备一举占领江东。诸葛亮见形势危急，与鲁肃一起去见孙权，希望两家合力对抗曹操。诸葛亮在柴桑见到孙权，对孙权说："天下大乱，将军在长江以东起兵，皇叔在汉水以南召集部众，与曹操共同争夺天下。现在，曹操已经基本消灭北方的主要强敌，接着南下攻破荆州，威震四海。如果将军能以江东的人马,与占据中原的曹操相抗衡,不如及早与曹操断绝关系。如果不能,为什么不早点解除武装,向他称臣?现在,将军表面上服从朝廷,而心中犹豫不决,事情已到危急关头而不果断处理,大祸马上就要临头了。"

《三国志通俗演义》中收录的"诸葛亮舌战群儒"

孙权对于是否反抗曹操,一直心有犹豫。因为曹操与孙氏此前并未争斗,并非你死我活的敌对关系,更不用说他的军力也远不及曹操。听了诸葛亮的一番话,他便反问道:"假如像你说的那样,刘备为什么不服从曹操?"诸葛亮说:"汉初的田横,不过是齐国的一员壮士,尚能坚守节义,不肯屈辱投降。更何况刘皇叔是皇室后裔,英雄才略,举世无双,士大夫们对他的仰慕,如同流水归向大海。如果大事不成,这是天意,怎么能屈居于曹操之下?"孙权听罢,感慨道:"我是东吴主君,不能把东吴故地和十万精兵拱手奉送!"决心对抗曹操。

鲁肃推动孙刘结盟

这时,曹操的信函也到了孙权处,信上说:"我奉天子之命,讨伐有罪的叛逆者,如今,我统领水军八十万人,要与将军在吴地打仗。"孙权把这封书信给下属看,下属们无不惊惶失色。长史张昭说:"曹操是豺狼虎豹,挟持天子以征讨四方。我们如果抵抗,就显得名不正而言不顺。现在,曹操占有荆州的土地,刘表所训练的水军,包括数以千计的蒙冲战船,已由曹操接管,曹操计全部船只沿长江而下,再加上步兵,水陆并进,双方势力的众寡又不能相提并论。我看,最好是迎接曹操,投降朝廷。"其余人也纷纷赞同,只有鲁肃一言不发。

三国吴青瓷伎乐俑群　文物现藏于六朝博物馆

孙权起身上厕所,鲁肃追到房檐下,孙权知道鲁肃的意思,握着鲁肃的手说:"你想说什么?"鲁肃说:"我观察众人的议论,只是想贻误将军。像我鲁肃这样的人可以投降曹操,将军却不可以。为什么这样说呢?现在我投降曹操,与士大夫们结交,步步升官,也能当上州、郡的长官。可是将军如果投降曹操,打算到哪里安身呢?希望将军能早定大计,不要听那些人的意见。"孙权叹息道:"的确如此。刚才你说的话,正与我想的一样。"鲁肃的这一番话,可谓说到了孙权的心里。鲁肃也好、张昭也好,他们都是一般大臣,哪怕归顺曹操,亦不至于有性命之忧,甚至可能还有更好的政治前景。但是孙权是江东孙吴政权的主君,如果投降曹操,他的地位就会非常尴尬。首先,身份由主君变为人臣,正如前文诸葛亮所云,是屈居人下,任何有雄心的主君都不会乐意。其次,曹操也会防备是不是日后还会有反抗势力围绕孙权以图再起,以其猜忌的性格,孙权恐怕连性命也很难保住。因此,虽然曹军势大,但孙权作为一个有雄心的君主,自然还是倾向于举兵对抗的。

明仇英绘《后赤壁赋图》卷(局部)　原件现藏于故宫博物院

三国鼎立：赤壁之战

周瑜力主孙刘结盟

当时，周瑜奉命到达鄱阳，鲁肃劝孙权将他召回，听听他的意见。周瑜来到后，对孙权说："曹操虽然名义上是汉朝的丞相，但实际上是汉朝的贼臣。将军以神武英雄的才略，又凭借父兄的基业，割据江东，统治的地区有几千里，精兵足够使用，英雄乐于效力，应当为天下做示范，为汉朝清除邪恶的贼臣。何况曹操自己前来送死，怎么可以去投降？并且曹操舍弃鞍马，改用船舰，与生长在水乡的江东人决一胜负，已是舍长就短。而中原地区的士兵远道跋涉来到南方，水土不服，必然会发生疾疫，这些都是用兵的大忌，我请求率领精兵数万人，进驻夏口，保证能为将军击破曹操。"

听完周瑜的陈述，孙权也认为曹军可以被击败，于是更坚定了抵抗的决心，向部下宣布："曹操老贼早就想要废掉汉朝皇帝自己篡位了，只是顾忌袁绍、袁术、吕布、刘表与我。现在，那几个英雄都已被消灭，只剩下我还存在。我与老贼势不两立！"说罢，拔出佩

刀,砍向面前的奏案,说:"将领官吏们,有胆敢再说应当投降曹操的,就与这个奏案一样!"于是散会。至此,孙吴政权对抗曹操的决议已经形成,在鲁肃、诸葛亮的配合下,孙权很快与刘备形成联盟,共同抗击曹操。

赤壁之战

于是,孙权任命周瑜、程普为左、右督,各自带领万余人与刘备合力迎战曹操;又任命鲁肃为赞军校尉,协助筹划战略。同年十二月,孙刘两军逆水而上,行至赤壁,与正在渡江的曹军相遇。曹军当时已遭瘟疫流行,加上北方军队本就不善水战,新编水军及新附荆州水军也难以磨合,士气不足,初战被周瑜水军打得大败。曹操不得不把水军与陆军会合,把战船靠到北岸乌林一侧,操练水军,等待良机。周瑜则把战船停靠南岸赤壁一侧,隔长江与曹军对峙。

北方士卒不习惯坐船,于是曹操将舰船首尾连接起来,人马于船上如履平地。周瑜部将黄盖说:"如今敌众我寡,难以长期相持。曹军正把战船连在一起,首尾相接,可以用火攻,击败曹军。"于是,选取蒙冲战船十艘,装上干荻和枯柴,在里面浇上油,外面裹上帷幕,上面插上旌旗,预先备好快艇,系在船尾。黄盖先派人送信给曹操,谎称打算投降。当时东南风正急,黄盖将十艘战船排在最前面,到江心时升起船帆,其余的船在后依次前进。曹操军中的官兵都走出营来站着观看,指着船,说黄盖来投降了。离曹军还有二里多远,那十艘船同时点火,火烈风猛,船像箭一样向前飞驶,把曹军战船全部烧光,火势还蔓延到曹军设在陆地上的营寨。顷刻间,浓烟烈火,遮天蔽日,曹军人马烧死和淹死的不计其数。

周瑜等率领轻装的精锐战士紧随在后,鼓声震天,奋勇向前,

三国鼎立：赤壁之战

明文徵明绘《仿赵伯骕后赤壁图》卷（局部）　原件现藏于台北故宫博物院

曹军大败。曹操率军从华容道步行撤退，遇到泥泞，道路不通，天又刮起大风。曹操让所有老弱残兵背草铺在路上，骑兵才勉强通过。老弱残兵被人马所践踏，陷在泥中，伤亡很重。周瑜、刘备军队水陆并进，一直尾随追击，但已经来不及。至于《三国演义》中关羽在华容道义释曹操的故事，则是后人杜撰的。

此战中，曹军伤亡过半。对曹操而言，赤壁之战的大败，使他失去了在短时间内统一全国的可能性，但曹魏政权实力仍然占据绝对优势。同时，孙刘双方则借此胜役，开始在长江流域发展壮大，逐渐稳定住了政权。此后，刘备进而谋取益州，孙权巩固了在长江下游的统治基础。可以说，赤壁之战使得天下三分的局面初步形成，也奠定了三国鼎立的基础。

有始无终：晋武帝司马炎

公元三世纪后半段，鼎足而立的魏、蜀、吴三国相继灭亡，景元四年（263）十一月，曹魏军队兵临蜀汉国都——成都，后主刘禅投降，蜀汉政权灭亡。接着，泰始元年（265）十二月，魏元帝曹奂禅位于晋王司马炎，曹魏政权灭亡。而后的太康元年（280）三月，晋军逼近吴都建业（今江苏南京），吴主孙皓投降，孙吴灭亡。使三国时代最终落下帷幕，并且开创晋王朝的人，正是晋武帝司马炎。

登基称帝

司马炎为曹魏权臣司马昭的长子。司马懿去世后，掌控司马氏家族权力的首先是司马懿的长子司马师，司马师死后，由于嗣子司马攸年幼，权力转移到了司马懿次子、司马师之弟——司马昭的手中。同年八月，司马昭中风猝死，司马炎继承了司马昭的相国职位和晋王爵位。

在司马炎掌权之前，司马氏家族的司马懿、司马师、司马昭已经先后掌握曹魏朝政十余年，改朝换代的条件早已成熟。司马炎接任相国后，便仿效曹丕代汉的故事，为自己登基做准备，指使朝臣劝说魏帝曹奂早点让位。无奈之下，曹奂下诏书说："司马氏家

有始无终：晋武帝司马炎

族世代辅佐皇帝，功勋高过上天，四海蒙受司马家族的恩泽，上天要我把皇帝之位让给你，请顺应天命，不要推辞！"司马炎假意多次推让，同时又令心腹太尉何曾、卫将军贾充等人，带领满朝文武官员再三劝谏。在多次推让后，才接受魏帝曹奂禅让，封曹奂为陈留王。司马炎于咸熙二年（265）称帝，国号晋，史称西晋。但这时的司马炎心里并不轻松，他很清楚，虽然他登上了王位宝座，但危机仍然存在。

《历代帝王图》中的晋武帝司马炎

安内攘外

从内部看,他的祖父、父亲为了给司马氏家族夺取帝位铺平道路,曾经对以曹爽为首的三族以及附属势力进行了残酷的屠杀,这件事所造成的阴影仍然横亘在人们的心中。从外部看,蜀汉虽平,孙吴仍在,虽说此时的东吴已不足以与晋抗衡,但毕竟也是一个不小的威胁。要巩固政权,进而完成吞并东吴、统一中国的大业首先要强固统治集团本身的凝聚力,而要达到这个目的,就必须采取怀柔政策。司马炎在即位的第一年,即下诏让已成为陈留王的魏帝载天子旌旗,行魏正朔,上书不称臣。同时又赐安乐公刘禅子弟一人为驸马都尉,第二年又解除了对汉室的禁锢。这不但缓和了朝廷内患,更消除了已成为司马氏家族统治对象的曹氏家族心理上的恐惧,而且还安定了蜀汉人心,进而又赢得吴人的好感。

内部矛盾刚刚缓和,西北边境又出现了新情况。泰始六年(270),鲜卑秃发树机能起兵反晋,并于六月在万斛堆的战争中杀秦州刺史胡烈,又在金山击败凉州刺史苏愉。泰始七年(271),树机能联合其他胡人在青山围困凉州刺史牵弘,牵弘军败而死。

司马炎命汝阴王司马骏为镇西大将军,都督雍、凉等州诸军事,坐镇关中,咸宁元年(275),司马骏对鲜卑进行讨伐,歼灭三千多人,树机能送质子向晋朝请降。咸宁三年(277),因秃发树机能意图劫夺佃兵,晋将文鸯率军讨伐,树机能战败,诸胡共计有二十万人归降。咸宁四年(278),秃发树机能命部将若罗拔能在武威大破晋军,斩杀凉州刺史杨欣。咸宁五年(279)正月,秃发树机能攻陷凉州,司马炎非常后悔,临朝哀叹说:"谁能为我讨此虏者?"马隆请命而往,率三千五百勇士西征,向西渡过温水,秃发树机能等人带领几万名部众凭借险阻抵抗。因为山路狭隘,马隆就造了扁箱车,还造了木屋,置于车上,边作战边前进,走了一千多里,打得敌人死的死,伤的伤,损失惨重。自从马隆西去,音讯断绝,朝廷为他担忧,有的人说他们都已经死了。后来马隆的使者到了,晋武帝大喜,于是下命令,赐给马隆符节,授官宣威将军。马隆到了武威,鲜卑部落首领猝跋韩、且万能率领一万多部落归降。十二月,马隆与树机能大战,斩杀树机能,凉州于是平定。

西晋时期的青瓷牛　文物现藏于六朝博物馆

统一全国

西北边境稳定后,司马炎随即对孙吴展开进攻,希望以此达成天下的统一。咸宁五年(279),晋军开始向东吴展开大规模的进攻。为了迅速夺取胜利,晋军分五路沿长江北岸,向吴军齐头并发。第六路晋军由巴东、益州出发,沿江东下,直捣吴军都城建业。

由于准备充分、时机恰当、战略正确,司马炎前后仅用四个多月,便夺取了灭吴战争的全部胜利。从此,东吴的全部郡、州、县,正式并入晋国版图。咸宁六年(280),三国鼎立的局面完全结束了。晋武帝司马炎终于统一了全国,结束了长达近百年的分裂局面。

全国统一后,西晋政治上趋于安定,晋武帝把解决土地问题作为发展经济的重要内容之一。为此,他制定了"户调式"的经济制度。规定成年男性每人可以占田70亩,成年女性每人可以占田30亩。同时又规定每个成年男性每年要上缴给国家50亩土地的赋税,总计谷四斛;成年女性、未成年男性、女性则依次递减。这一规定,使得每个农民都可以合法地占有应得的田地。占田制发布以后,不少农民开垦了大片荒地,这对农业经济的好转起到一定的作用。根据史书的记载,西晋完成统一的太康元年(280),全国共有人口约1616万,有246万户,而在一系列的恢复措施下,到太康三年(282),全国人口达377万户,较之太康元年增加了130多万户,出现了"太康繁荣"的景象。

有始无终

不过,西晋王朝也正是从此时开始,迅速走上了衰败之路。西晋的皇族和贵族都有优裕的经济基础,政治的安定与统一更是帮助他们累积了大量的财富,于是他们纵情享受,过着豪华奢侈的生活。《晋书·后妃传》记载,司马炎后宫妃嫔众多,有粉黛近万,因此,每天晚上到底要临幸哪个妃子,就成为一个让他十分头疼的问题。于是司马炎想出一个办法,就是坐着羊车,让羊在宫苑里随意行走,羊车停在哪里,他就去哪个宫里宠幸嫔妃。有个宫人便把竹枝插在门上,将盐水洒在地上,羊喜欢盐水的味道,停下吃食,于是

有始无终：晋武帝司马炎

羊车就停在这个宫门口。与此同时,公卿贵族也跟着竞富争豪,在这种风气下,西晋朝臣贵族们争相炫耀财富,争夸豪丽。为维持这种奢靡腐化的生活,他们必然加紧聚敛,贪污纳贿也习以为常,西晋政治逐渐走向败坏。

与此同时,在继承人的问题上,司马炎也未能加以妥善处理。晋泰始三年(267)正月,司马炎之子司马衷被册立为皇太子。不过司马衷为人愚笨,智力不及常人。因此,对于他是否能够在将来成为一个称职的皇帝,大臣们颇为忧虑。与此同时,司马师的嗣子——司马攸却非常贤明,并且从权力继承的角度而言,当初司马昭接过司马师的权力,是因为司马攸尚年幼。司马昭本意让司马攸继承王位,但在众臣的反对之下,最终册封司马炎为晋国太子。

山东临沂洗砚池晋墓出土的青瓷俑
文物现藏于洗砚池晋墓博物馆

此时，司马攸又再次成为储君的有力争夺者。司马炎为了让儿子司马衷顺利即位，不顾朝臣的反对，执意让司马攸离开朝廷，回到自己的封国——齐国。司马攸悲愤不已，却不得不离开都城洛阳，后在途中发病而亡。继承人的问题，因司马攸的病死戛然而止，朝臣却在此事件中分为两派，相互攻击，造成了西晋朝廷内部的大分裂，为司马炎死后八王之乱的爆发埋下了深深的伏笔。

太熙元年(290)，司马炎病逝，时年五十五岁，谥号武皇帝，庙号世祖。司马炎在位二十余年，他结束了三国乱世，完成了天下的统一，为社会经济、文化的发展做出了巨大贡献。然而，司马炎晚年生活奢侈腐化，在继承人的问题上造成了朝廷的分裂。他去世后不久，西晋王朝就发生了长达十多年的"八王之乱"，再加上天灾不断，瘟疫流行，民众再次流离失所，"太康繁荣"的盛景很快失去了昔日的光彩。司马炎前期厉行节俭，虚心纳谏，用人唯贤，进行了一系列的改革，但后期热衷于安逸享乐，导致西晋王朝的崩溃、灭亡。正如唐太宗李世民在读《晋书·武帝纪》后总结的那样："虽则善始于初，而乖令终于末，所以殷勤史策，不能无慷慨焉。"意思是，司马炎虽然在即位之初励精图治，却未能善始善终，最终导致西晋王朝很快灭亡。他的教训足以为后人所借鉴。可以说，晋武帝司马炎正是这样一个半途而废、充满争议的皇帝。

王与马共天下：东晋的建立

在八王之乱后，西晋很快灭亡了。不过，司马氏政权并没有随之消失。在中原地区陷入战乱的同时，另一批西晋宗室、贵族，在江南地区重建了晋朝，史称东晋。在东晋王朝建立的过程中，最为重要的两个人物，便是司马睿与王导。

司马睿（276—323），字景文，他的祖父琅琊王司马伷是司马懿的庶子，魏帝曹芳正始年间，始受封为南安亭侯。西晋开国后，司马伷又历任尚书右仆射、抚军将军、镇东大将军、假节、都督徐州诸军事等职，初封东莞郡王，后改封琅琊王。平吴之役，司马伷率军出涂中，立有大功，升任侍中、大将军等职。司马睿父司马觐为司马伷长子，在司马伷死后袭爵琅琊王，地位显赫。

太熙元年（290），司马觐去世，年仅十五岁的司马睿依例袭琅琊王爵。同年四月，晋武帝司马炎去世。继立的司马衷鲁愚迟钝，无力驾驭政局。在动荡险恶的政治环境中，处于帝室疏族地位的司马睿无兵无权，为避杀身之祸，他采取恭俭退让的方针，尽量避免卷入斗争的旋涡。在洛阳，司马睿交结密切的朋友只有王导一人。王导，字茂弘，出身于琅琊王氏，当时公认的名士领袖王衍是王导的族兄。王氏故乡所在的琅琊国是司马睿的封国,因此两人很早就相识了。司马睿的琅琊国在西晋算是大国,并与东海王司马越的东海国相邻。

出镇建康

永兴元年(304)七月,"八王之乱"进入高潮。东海王司马越发兵攻打邺城,试图控制河北,时任左将军的司马睿奉命参加。结果,司马越兵败,逃奔回东海国。晋惠帝及随军大臣被司马颖劫掠入邺城,司马睿也在其中。不久后,司马睿的叔父东安王司马繇因得罪司马颖而遭杀害。司马睿害怕祸事殃及自己,潜逃出邺城,到达洛阳后,马上将家眷接出,回到了琅琊国。次年,东海王司马越在下邳起兵,准备西迎晋惠帝,恰好司马睿正在琅琊国。下邳郡就在琅琊国附近,两者距离非常近。司马睿被封为平东将军,留守下邳。司马睿受命后,拜王导为司马,委以重任。不久后,司马越为了经营后方,又封

唐孙位绘《高逸图》中的王戎形象
原件现藏于上海博物馆

司马睿为扬州刺史，出镇建康，也就是今天的南京。

永嘉元年(307)九月，司马睿、王导等人渡江至建康。根据《晋书》的记载，司马睿初到建业时，没有什么名声，因此吴地之人不愿归附。司马睿到建康一个多月，还没有江东当地的士族登门拜谒，王导为此很焦急。正赶上初春三月，司马睿出门踏青郊游，王导让司马睿坐在轿子上，安排了威严的仪仗。北来的王导、王敦等名士们都骑马侍从，江东名士纪瞻、顾荣等人看见王导、王敦都尊奉司马睿，十分惊讶，也一个跟着一个地在道路左边行拜礼。王导乘机劝说司马睿："顾荣、贺循，都是此地最具名望的人，应当结交他们来收服人心，他们两人来了，就没有不来的人。"司马睿就派王导亲自造访贺循、顾荣，二人都应召而至。由此江东士人望风顺附，百姓归心。从此之后，司马睿与江东士族君臣的名分就确立了下来。毕竟东晋政权刚刚建立，军事力量非常薄弱，如果没有江东本地大族的支持，那么是很难在当地站稳脚跟的。

立足江东

永嘉五年(311)，汉国大将刘曜、王弥攻破洛阳，俘晋怀帝，北方陷入空前的战乱中。大量中原人士到江南避难，王导劝司马睿乘机收揽贤人君子，扩大力量，以图大事。于是，司马睿广泛征召南北精英士人为幕僚，据说达一百零六人，因而当时有"百六掾"的说法。

当时，江东地区比较安定，人口众多，物产丰饶，王导的治理方针讲求清静，常劝司马睿克己垂范励精图治，辅佐君主安宁邦国，两人之间的感情日益深厚，朝野之中都为之倾心，称王导为"仲父"。司马睿曾对王导说："你就是我的萧何呀！"王导回答说："自从曹魏立朝以来,直到晋太康时期,公卿士大夫及门阀世族,奢侈挥霍相互攀比,先贤政教逐步衰退,先朝治世法度,无人遵循,大小官吏,沉溺于享乐之中,才使得奸佞之人有机可乘,导致朝政大道亏伤。然而混乱后将会出现安定,这是天地间的规律。大王将要建立盖世之功勋,重新一统山河,管仲、乐毅这样的人才,这时就会出现,不是我们这样普普通通的臣子所能比拟的。希望大王能深谋远虑,广择贤能。顾荣、贺循、纪瞻、周玘,都是南方的名士,希望大王能对他们礼敬优待,则天下可安。"司马睿采纳了王导的建议,从而逐渐赢得了南北士族的共同拥戴。

北方士人南渡之初,局势不稳,气氛非常消极。毕竟离开世代居住的故土到新的地方生活,水土不服,需要时间适应。在文化、习俗方面,南方毕竟和北方不同,北人难免思念故土。某次在新亭饮宴时,名士周颛叹气说:"风景跟往昔一样,江山却换了主人。"在座的名士听了都不禁伤心落泪。王导当场放下脸道:"应当共同合力效忠朝廷,最终光复祖国,怎么可以相对哭泣如同亡国奴一样!"众人听罢,都收泪向他道歉。南渡士人桓彝初到江东时,看到司马睿势力单薄,很是担心,对周颛说:"我因为中原多故,想到江南寻个安身立命之地,不料朝廷如此微弱,怎么办才好呢?"当王导和他纵谈形势以后,他的态度有了变化:"我见到了江左'管仲',不再忧虑了。"同时,王导也想方设法地与江南本地士人结好,力求他们支持司马睿,使得江南的局势逐渐稳定了下来。

王与马共天下

建兴四年(316),刘曜围长安,十二月,晋愍帝无奈出降,西晋灭亡。次年,消息传到南方,司马睿承制改元,即晋王位,改元建

王与马共天下：东晋的建立

武。孤悬在北方的晋地方长官如刘琨、段匹䃅、刘翰等一百八十人上书，强烈建议司马睿称帝。建武元年（317），司马睿即晋王位，建立东晋。次年，司马睿即皇帝位。受百官朝贺时，司马睿想到自己能够建立东晋，离不开王导的大力相助，再三请王导同坐御床受贺，王导再三辞让不敢当，说道："如果太阳也和地下万物一样，那么老百姓该到哪里沐浴光辉呢？"司马睿这才作罢。

在东晋建立之初，司马睿完全信任王导，将之比作自己的萧何。王导也经常劝谏司马睿克己勤俭，优待南方，与人为善。司马睿和王导在草创期上演了一场君臣相敬相爱的佳话。琅琊王家也达到了权势的高峰，除了王导担任丞相，王敦控制着长江中游，兵强马壮；四分之三的朝野官员是王家的人或者与王家相关的人。另外，王家在南朝时期出了八位皇后，因而当时出现了"王与马共天下"的说法。

南京出土的东晋陶女俑
文物现藏于中国国家博物馆

社稷之臣王导

不过,在司马睿称帝之后,王导的堂兄王敦日渐跋扈。司马睿心有不满,开始试图削弱王氏势力。他引用大臣刘隗、刁协作心腹,并且暗中作军事布置,在江北组建军队,名义上是北讨石勒,实际上是对付王敦,王导也因此被疏远。然而,王导淡泊自如,举止如常。有识之士都称赞王导善于对待升沉兴废。王敦则针锋相对,反对刘隗、刁协,以替王导诉冤为借口自武昌举兵,攻入建康,杀戴渊、刁协等,刘隗逃奔石勒,史称"王敦之乱"。攻入建康后,王敦想进一步篡夺政权,王导坚决反对,出面维护帝室。王敦无法实现他的野心,只好退回武昌。永昌二年(323),司马睿忧愤而死,晋明帝司马绍继位,王导辅政。王敦以为有机可乘,又加紧图谋篡夺,王导再次站在维护帝室立场上,主张坚决反击。在向京师逼近期间,王敦患病,王导率族中子弟为王敦发丧,大家都以为王敦已死,于是胆气倍增,斗志高昂。而王敦因遭遇到顽强抵抗,心情郁闷,很快病逝于军中。在王导的扶持下,处于风雨飘摇之中的东晋政权总算存活了下来。

在西晋八王之乱以后,天下又再次陷入混乱,军阀相互攻战,人民流离失所。东晋政权不仅将司马氏政权又延续了一百多年,并且在乱世中保证了中国南方地区的稳定,接纳了大量从中原北方地区迁徙而来的民众,促进了江南地区的开发,也维持着华夏礼乐文明的传承。在东晋政权建立的过程中,司马睿、王导君臣相互成就,在魏晋南北朝的历史上留下了浓墨重彩的一笔。

风流宰相：谢安

东晋时代，有两位宰相最为有名，一是王导，他与司马睿一同开创东晋政权，让华夏文明在南方得以传承；而另一个就是号称风流宰相的谢安。谢安在任期间，挫败了权臣桓温篡权的阴谋，又运筹帷幄，在淝水之战中击退苻坚，一手缔造了东晋王朝最为强盛的时期。

中年出山

谢安，字安石，陈郡阳夏（今河南太康）人。他出身于名门世家，父亲谢裒官至太常。谢安四岁时，名士桓彝见到他，大为赞赏，说："这孩子风采神态清秀明达，将来必成大器！"

谢安少年时，得到名士王濛及宰相王导的器重，已在名士圈中享有较高的声誉。然而谢安并不想凭借出身、名望去猎取高官厚禄。朝廷征召谢安入司徒府，又授任他佐著作郎之职，都被谢安以有病为借口推辞了。后来，拒绝应召的谢安干脆隐居到会稽郡的东山，与王羲之、许询、支道林等名士、名僧交游，出门捕鱼打猎，回屋吟诗作文。当时的扬州（相当于今长三角地区及安徽南部）刺史庾冰仰慕谢安的名声，招募谢安，不停地命郡县官吏督促逼迫，谢

金珰　汉晋时期,笼冠加金珰,附蝉为纹,以貂尾为饰,是天子近臣尊贵身份的象征,合称"貂蝉"。文物出土于南京大学北园东晋墓,现藏于南京大学博物馆

安不得已,勉强赴召。但仅隔一个多月,他又辞职回到了会稽。后来,朝廷又征召他为尚书郎、吏部郎,谢安都推辞了。有关官员上疏认为谢安被朝廷征召,历年不应,应该禁锢终身,谢安便放浪于东部的名胜之地。

谢安神态沉着,气度闲雅,为众人所拜服。他曾到临安山,坐在石洞里,面对深谷,悠然叹道:"此般情致与伯夷有何区别!"又曾与名士孙绰等人泛舟大海,风起浪涌,众人十分惊恐,谢安却吟啸自若。船夫因为谢安有兴致,照旧驾船漫游。风浪转大,谢安慢慢说:"如此大风我们将如何返回呢?"船夫听从吩咐立即驾船返航。众人无不钦佩谢安宽宏镇定的气度。谢安虽然屡屡不愿出山,但当时执政的会稽王司马昱说:"安石(谢安的字)既然能与人同乐,也必定能与人同忧,再征召他,他肯定会应召。"

果然,升平三年(359),谢安的弟弟谢万与北中郎将郗昙兵分两路,北伐前燕。谢万在北伐时不能抚慰将士,又误认为敌军抵达,导致手下士卒惊扰奔溃,自己也单骑狼狈逃还,被免官为庶人。此事使陈郡谢氏的地位受到了很大的影响,为了家族的荣耀,谢安不得不出山。

很快,谢安应征西大将军桓温之邀,担任军府中的司马,谢安从新亭出发,百官都为他送行,御史中丞高崧对他开玩笑说:"足下屡次违背朝廷旨意,高卧东山,众人常常议论说,谢安石不肯出山做官,江东百姓该如何是好,而今您终于出山了!"谢安深有愧色。他到桓温的府第,桓温十分高兴,二人畅谈生平经历,欢笑终日。离开后,桓温对左右说:"你们是否见过我有这样的客人?"后来,桓温去谢安的住处,正碰上谢安整理头发。谢安性情迟缓,许久才理罢,让侍从取来头巾。桓温制止说:"让司马戴好帽子再相见。"桓温对于谢安,十分欣赏,也十分器重。

明代《三才图会》中的谢安像,谢安字安石

匡扶晋室

咸安元年(371),桓温在北伐时于枋头惨败。为了重立威名,桓温听从心腹郗超的建议,废黜了海西公司马奕,另立丞相司马昱为帝,即晋简文帝。司马昱即位不到一年,因受制于桓温而忧愤非常,以致病重。在王坦之、谢安等人的配合下,孝武帝司马曜顺利登基。此时,桓温入京朝见孝武帝司马曜,太后褚蒜子命谢安及侍中王坦之到新亭迎接。当时,建康城里人心浮动,有人说桓温要杀王坦之、谢安,晋室的天下要转落他人之手。王坦之非常害怕,谢安却神色不变,说:"晋室的存亡,就取决于此行。"于是便出发了。

桓温抵达新亭后,百官夹道叩拜。桓温部署重兵守卫,接待百官,当时有官位声望的人都惊慌失色。王坦之紧张得汗流浃背,甚至连手板都拿倒了。只有谢安从容就座,他坐定以后,对桓温说:"我听说诸侯有道,守卫在四邻,哪里用得着在墙壁后面安置士兵呀!"桓温看谢安明说,反而有些惭愧,命令左右的人将士兵撤走,与谢安笑谈良久。由于谢安的机智和镇定,桓温始终没敢对二人下手,不久就退回了姑孰。当初,王坦之与谢安齐名。而经此一事,众人认为二人高下优劣就很明显了。

孝武帝登基时,年幼力弱,在外又有强臣桓温,谢安与王坦之竭尽忠诚辅佐护卫,最终使晋室得以安稳。后来,桓温病重,暗示朝廷对他加九锡,让袁宏起草奏表。谢安见后,动手修改原稿,十多天还未改好,等桓温一死,加九锡之事因此搁置。

桓温死后两个月,谢安升任尚书仆射,总领吏部事务,加后将军,与尚书令王彪之一起执掌朝政。当时,前秦在苻坚的治理下日益强盛,晋军处于劣势。同年,因长江北岸的重要据点广陵缺乏良

风流宰相：谢安

将防守，谢安极力举荐自己的侄子谢玄出任兖州刺史，镇守广陵，负责长江下游江北一线的军事防守。谢安则自己都督扬、豫、徐、兖、青五州军事，总管长江下游。谢玄不负叔父重托，在广陵挑选良将，训练精兵，选拔了刘牢之、何谦等人，并训练出了当时的天下精兵——北府兵。

击败苻坚

太元八年（383），苻坚率领大军南下，号称百万，志在吞灭东晋，统一天下。当时军情危急，建康一片震恐，可是谢安依旧镇定自若，以征讨大都督的身份负责军事，派谢石、谢玄、谢琰和桓伊等率兵八万前去抵御。谢玄手下的北府兵虽然勇猛，但是前秦的兵力是东晋的十倍多，谢玄心里十分紧张。出发之前，谢玄特地到谢安家告别，想请示作战方略。但谢安神情泰然，毫无惧色，回答道："朝廷已另有安排。"过后默默不语。谢玄不敢再问，便派好友张玄再去探听消息。谢安驾车去山中别墅，与亲朋好友聚会，与张玄一同下棋。谢安平常棋艺不及张玄，这一天张玄心慌，反而败给了谢安。下完棋后，谢安又登山游玩，到晚上才返回，这才把谢石、谢玄等将领都召集

谢鲲墓志　谢鲲亦出自陈郡谢氏，其弟谢褒为谢安父亲。文物现存于六朝博物馆

起来，当面交代机宜事务。

当时，桓冲在荆州听说形势危急，打算专门拨出三千精兵到建康保卫。谢安对派来的将士说："我这儿已经安排好了，你们还是回去加强西面的防守吧！"将士回到荆州告诉桓冲，桓冲很担心。他对将士说："谢公的气度确实叫人钦佩，但不懂得打仗。眼看敌人就要到了，他还那样悠闲自在；兵力那么少，又派一些没经验的年轻人去指挥。我看我们都要失败被俘了。"但形势并未像桓冲判断的那样。同年十一月，谢玄遣部将刘牢之以五千精兵奇袭，取得洛涧大捷。十二月，双方决战淝水，谢玄、谢琰和桓伊率领晋军七万战胜了苻坚和苻融所统率的前秦十五万大军，并阵斩苻融。淝水之战以晋军的全面胜利告终。

当晋军在淝水大败前秦的捷报送到时，谢安正在与客人下棋。他看完捷报，便放在座位旁，不动声色地继续下棋。客人憋不住问他，谢安淡淡地说："没什么，孩子们已经打败敌人了。"直到下完了棋，客人告辞以后，谢安才抑制不住心头的喜悦，进入房间时，门槛把木屐底面的屐齿碰断，谢安都没有发现。淝水之战的胜利，使谢安的声望达到了顶点，他以总统诸军之功晋升为太保。

太元九年（384）八月，谢安乘淝水之战的胜利，起兵北伐。东路的谢玄率领北府兵自广陵北上，一路收复了兖州、青州、司州、豫州，中路和西路的桓氏则出兵攻克了鲁阳和洛阳，并收复了梁州和益州。至此，整个黄河以南地区重新归入东晋的版图。

不幸的是，就在此时，会稽王司马道子专权，奸谄小人开始趁机煽风点火，捏造罪名陷害忠良。孝武帝司马曜对谢安大加猜疑。

风流宰相：谢安

太元十年（385）四月，谢安借口救援苻坚，主动交出手上权力，自请出镇广陵。到达广陵后不久，谢安身患重病，获准返回建康。听说自己的车驾已进入建康的西州城门，自以为壮志不成，功业未就，因而感慨万分，对所亲近的人怅然道："从前桓温执政时，我常常担心不能保全自身。忽然有一天，梦见自己乘坐桓温的车驾走了十六里地，看见一只白鸡后停了下来。乘坐桓温的车驾，是预兆将代替他执掌朝政。车行十六里，预兆着我执政到今天刚好十六年。白鸡属酉，而今年太岁星正在酉，是凶兆，我这一病大概再也起不来了！"同年八月，谢安病逝于建康，享年六十六岁。孝武帝闻讯后，在朝堂里哭吊三天，因击败苻坚的功勋，谢安被追封为庐陵郡公。

西晋"位至三公"连弧纹铜镜
文物现藏于洛阳博物馆

谢安当政期间，内制权臣桓温，外抗强敌苻坚，带领东晋政权走出了内忧外患的危机。由于谢安的巨大功绩，直至刘裕代晋称帝，建立刘宋时，依旧保留了谢安子孙的爵位。

就人格魅力而言，谢安多才多艺，善行书，通音乐，性情闲雅温和，不居功自傲，不仅是国家的栋梁之才，更是当之无愧的士族领袖。也正因如此，南齐时，同为宰相的名士王俭常对人说："江左风流宰相，唯有谢安！"这一评价，是非常恰当的。

气吞万里如虎：刘裕北伐

永嘉之乱后，东晋于江东建国，却时时面临着北方十六国政权的威胁。东晋时期，祖逖、庾亮、殷浩、桓温虽先后北伐，但无一成功。在东晋末年，刘裕起兵击败篡晋称帝的桓玄，控制东晋朝政。在休养生息数年后，刘裕先后展开两次北伐，灭南燕、破北魏、亡后秦，收复山东、河南、关中等地，光复洛阳、长安两都，是东晋南朝历史上最为成功的北伐。对于刘裕北伐所取得的巨大成就，辛弃疾曾在《永遇乐·京口北固亭怀古》一词中大为感慨："金戈铁马，气吞万里如虎"，成为千古名篇。下面，我们就来看看刘裕其人与他的北伐事业。

军功杰出

刘裕，字德舆，小名寄奴，祖籍彭城郡彭城（今江苏徐州），出生于晋陵郡丹徒县（今江苏镇江）。刘裕身高七尺六寸，为人雄杰，气度宏大，侍奉继母以孝顺闻名。由于家中贫穷，刘裕遭乡里贱视，时人大多不能赏识他。只有出身琅琊王氏的王谧十分敬重他，曾向他说："你应当会成为一代英雄。"不久后，东晋政权派谢玄在广陵、京口一带募兵，刘裕从军，成为北府兵将领冠军将军孙无终的司马,展现出高超的武艺与出众的才能。

东晋隆安三年(399)十一月,孙恩在会稽(今浙江绍兴)起兵反晋,东南八郡纷起响应,朝野震惊。朝廷忙派卫将军谢琰、前将军刘牢之前往平叛,刘裕在此时转入刘牢之的麾下,担任参军。十二月,刘牢之率部抵达吴地,派刘裕领几十人侦察孙恩军队的动向。不巧碰上了几千军队,刘裕率众迎战,随从战死大半,而他手舞长刀,深入阵中,敌军为他的气势所震撼,竟稍稍向后撤退。恰逢刘牢之之子刘敬宣率兵前来,敌军奔散,刘裕乘胜追击,斩杀并俘虏千余人。

在刘牢之、刘裕等人的不断进攻下,孙恩起兵失败,被迫逃至东海的岛中。然而,由于大军外出,京城空虚,掌控军事重镇荆州的野心家桓玄率军南下,攻入建康,废除东晋皇帝,自行篡位。而刘牢之则被桓玄设计暗算,自杀身亡。刘裕审时度势,暂时归降桓玄。桓玄任命他为中兵参军。刘裕暗中联络北府兵中的旧友,伺机反攻桓玄。

元兴三年(404)二月,刘

西安出土的北魏陶武士俑　北方草原民族的重装骑兵军队具有极强的战斗力,也是北魏统一北方、与南方政权对峙的重要倚仗。文物现藏于中国国家博物馆

裕以打猎为名,聚集北府兵残余兵将一千七百余人,在京口举兵起义,杀死桓楚、桓修。桓玄先派手下猛将吴甫之及皇甫敷带领精兵进攻刘裕,刘裕将他们一一击杀,趁势攻入建康,以火攻击溃桓玄守军,随后追斩桓玄。

率军北伐

击败桓玄后,虽然晋安帝复位,但刘裕实际掌握了大权。为了建功立业,寻求更高的地位,刘裕发展生产,清查户口,大大增加了财政收入,以此整顿军队,寻机北伐。义熙五年(409),盘踞青齐的南燕政权纵兵肆虐淮北,为刘裕北伐提供了理由。四月,刘裕自都城建康率军行船北上,五月进抵下邳(今江苏睢宁西北),改由陆路进至琅琊(今山东临沂北)。南燕君臣恃勇轻敌,得知晋兵已过大岘山后,南燕君主慕容超率步骑四万出击,以公孙五楼率骑兵为前锋。在临朐城南的巨蔑水(今山东弥河),公孙五楼与晋军前锋孟龙符遭遇,一战而败。刘裕抓住战机,将战车四千辆分左右翼,兵、车相间,骑兵在后,迅速向前推进。慕容超见晋军前来,派出精锐骑兵前后夹击。两军力战,胜负未决,刘裕采纳参军胡藩之策,遣奇兵绕至南燕军后,乘虚攻克南燕的据点临朐城。得知后方失守,南燕军心涣散,刘裕纵兵追击,大败燕军,斩杀段晖等十余将。战败的慕容超逃还南燕都城广固(今山东青州),刘裕乘胜北上,攻克外城,慕容超又退守内城。刘裕筑土墙将内城包围,招降纳叛,争取民心,并就地取粮养战。随着时间的推移,南燕大臣相继降晋。次年二月,南燕尚书悦寿打开城门迎降,晋军攻入广固内城。慕容超率数十骑突围而走,被晋军追获,押回京师建康,在街头被斩首,至此南燕灭亡。

气吞万里如虎：刘裕北伐

班师回朝后，刘裕随即击败了孙恩残党卢循，稳住了后方。至义熙十二年（416）一月，淝水之战后于关中建立的后秦政权政局不稳。当时皇帝姚兴逝世，姚泓继位，内部叛乱迭起。刘裕认为这是北伐后秦的良机。八月，刘裕令亲信刘穆之为尚书仆射，内总朝政，外供军粮，自己率大军分四路北伐。

义熙十三年（417）正月，到达彭城的刘裕亲自率大军北上，进入黄河南岸。此时，北魏政权派十万重兵驻守河北，并以游骑骚扰晋军。刘裕在行军中，魏军为防止晋军于黄河北岸登陆向魏进击，以数千骑兵沿黄河北岸跟随刘裕军西行，凡漂流至北岸的晋军人员，均被魏军擒杀。刘裕数次派兵上岸攻击魏军，刚一登岸，魏军便逃离岸边。为击败魏军的袭扰，刘裕命宁朔将军朱超石率领数千勇士，携带强弓利箭，登上黄河北岸，列阵而进。

南朝持盾武士陶俑
文物现藏于南京博物院

魏军见晋军上岸,立即前来进攻,魏将长孙嵩率骑兵三万四面围攻。晋军在朱超石的指挥下,将战车相互连接成阵型,阻挡北魏骑兵。又在阵中设置大弩,用铁锤发射巨箭,一次贯穿数人。在晋军拼力死战下,魏军被利箭射杀,死尸堆积遍地,魏将阿薄干被斩,只能败退而走。朱超石又率军追击,斩俘一千多人,北魏军队此后不再敢骚扰晋军。

四月中旬,刘裕进至洛阳;八月,刘裕进军潼关。部将王镇恶请求率领水军从黄河入渭水,逼向长安。刘裕采纳了他的建议,之后,率大军随之逼近,突破潼关防线,率师直进,一举攻陷长安,姚泓率群臣投降,后秦灭亡。

刘裕率晋军抵达长安后,想在此稍作休整,经营关中,进一步收复西北、河北时,传来了刘穆之病死的消息。刘裕担心朝局不稳,横生事端,在与众将商议后,决定回师建康,留下十二岁的儿子刘义真及王修、王镇恶、沈田子等文臣武将共守长安。可惜的是,不久之后,王修、王镇恶、沈田子关系破裂,相互攻杀,大夏国君主赫连勃勃趁机进兵长安,将晋军击溃,关中地区得而复失。

代晋建宋

虽然未能守住长安,但刘裕的北伐,已经获得了巨大的成功,黄河以南地区基本为东晋所稳定控制,这也使得刘裕在朝廷的地位显赫无比。义熙十四年(418),刘裕出任相国,以十郡建"宋国",受封宋公,受九锡的殊礼。不久后,刘裕指派王韶之缢杀晋安帝,立司马德文为晋恭帝。次年六月,刘裕代晋称帝,定国号为"宋",改元永初,历史的车轮,由此进入了南朝时代。

永初三年(422),登基刚刚三年的刘裕计划出征北魏,但他此时已是六十岁的老翁了,身体大不如前。不久后,刘裕患病,很快便驾崩去世了。他被葬于都城建康东面蒋山(今南京市紫金山)之下,庙号高祖,谥号武皇帝。

总体而言,刘裕的两次北伐,虽然主观上是为了完成自己篡晋建宋的野心,但客观上取得了重大胜利,既抵抗了北方非汉族群政权对东晋政权的侵扰,又维护了南方社会的安全与稳定,保证了江南经济开发的继续。同时,刘裕北伐扩大了疆域,刘宋也成为南朝中领土最大的政权。在北伐过程中,大量北方士人、流民迁至南朝境内,新的军事、政治力量得以引入,为南朝与北魏的对抗提供了基础。正因如此,刘裕北伐在后世多受到史家的赞扬。明末清初著名学者王夫之曾说:"刘裕北伐,东灭慕容超,西灭姚泓,拓跋嗣、赫连勃勃都避其锋芒。自永嘉之乱以来,祖逖、庾翼、桓温、谢安经营百年,都没能达到刘裕的成就。而刘裕之后的南朝开国皇帝萧道成、萧衍、陈霸先,均不能北伐成功,扩展疆土,最终导致了南朝灭亡。在永嘉之乱后,能够延续华夏文明的伟人,应当首推刘裕。"这一评价,可以说是极为深刻、恰当的。

自我得之，自我失之：梁武帝萧衍

在魏晋南北朝的历史中，梁武帝萧衍是一位极为特别，而又极具争议的人物。就寿命而言，萧衍是历史上第二长寿的皇帝，活了八十六岁，仅次于活了八十九岁的乾隆皇帝。不过乾隆是正常死亡，而萧衍是活活饿死的。就王朝而言，萧衍是开国之君，萧梁的天下却又在他手上失去。就执政而言，萧衍在位期间改革官制、币制，不断组织北伐，一度在南北朝的竞争中占据优势，但同时，他又纵容宗室，迷信佛教，最终导致侯景之乱的发生，使得六朝都城建康化作一片焦土。下面，我们就来看看萧衍跌宕起伏的一生。

萧衍，字叔达，小字练儿，祖籍兰陵郡（今山东枣庄附近）。刘宋大明八年（464），萧衍生于丹阳郡秣陵县（今江苏南京）。在萧衍未成年时，刘宋被萧道成所建立的南齐政权所取代，萧衍的身份，也就变得特殊起来，因为萧衍的家族与南齐皇室在血缘上的关系很密切，他的父亲萧顺之是齐高帝萧道成的族弟。因此在南齐时期，萧顺之平步青云，曾经做过侍中、卫尉等高官。

博学多才

凭借家族背景，萧衍刚一进入官场，便担任了丞相王俭的幕

自我得之，自我失之：梁武帝萧衍

僚。王俭很喜爱萧衍，见他很有才华，言谈举止又颇为出众，于是提拔他为户曹属官，负责经济方面的事务。因为萧衍办事果断机敏，与同事以及上司关系融洽，不久便升职。不过，由于父亲突然去世，萧衍回家守丧三年。复官后，萧衍继续得到重用，进入宫廷，担任太子庶子、给事黄门侍郎等要职。

支持萧鸾

永明十一年（493），齐武帝萧赜病重，皇太孙萧昭业即位为帝。不久后，与南齐皇室同族的权臣萧鸾废杀萧昭业，拥立萧昭文即位，自己掌握朝政大权。三个月之后，萧鸾又废除萧昭文，自立为帝。在萧鸾夺权的阴谋活动中，萧衍出谋划策，担任了相当不光彩的角色。萧鸾登基之后，他并没有忘记萧衍的谋划之功，作为回报，为他加官进爵，视他为心腹。萧衍的地位由此开始显赫起来。

清人绘萧衍画像

在萧鸾登基的第二年，北魏孝文帝拓跋宏率领三十万军队亲自进攻南齐，沿淮河向东攻打钟离（今安徽凤阳东北）。萧鸾先派左卫将军崔慧景、宁朔将军裴叔业领兵迎战。随后北魏军队分兵攻打义阳，萧鸾又派遣萧衍和平北将军王广之领兵救援。王广之

北朝彩绘武士俑
文物现藏于洛阳博物馆

领兵进到离义阳百里之外时,听说北魏军队人强马壮,于是畏缩不前。萧衍则请求充当先锋,和北魏军队交战。于是王广之派部分军队归萧衍指挥,萧衍带领军队连夜抄小路赶到了距离北魏军只有几里地的贤首山,然后命令士兵将旗帜插满了山上山下。等到天一亮,义阳城中的齐军看到后,以为重兵已经赶到给他们解围来了,于是士气大增,马上集合军队出城攻击北魏军,同时顺风放火。这边的萧衍也趁机夹攻北魏军,他亲自上阵,摇旗擂鼓助威,齐军士气高昂,个个奋勇杀敌。北魏军在齐军的前后夹击下,溃不成军,只好退却,萧衍也因战功而升任太子中庶子,在朝野中名望大增。

不久后,北魏军队再次南下,接连攻下了新野、南阳,前锋直逼雍州(今湖北襄樊)。

自我得之，自我失之：梁武帝萧衍

萧鸾赶忙派萧衍、崔慧景等人增援。到达雍州后，崔慧景见北魏军队势大，擅自撤退，其他军队也纷纷逃散。萧衍无法控制局面，只好边战边退，直到樊城才得以站稳脚跟。战事结束后，萧鸾见萧衍胆气过人，于是让他出任雍州刺史，主持雍州防务。从此，萧衍就有了一块固定的根据地，开始培养属于自己的军队和谋士，这成了他日后称帝的资本。

称帝建梁，任贤革新

建武五年（498）七月，在位仅五年的萧鸾病逝，由其子萧宝卷即位。萧宝卷虽然年幼，但为人暴虐，即位后擅杀诸多大臣，使得朝野惊恐，人心离散，萧衍的兄长萧懿也被萧宝卷所冤杀。

得知兄长惨死，萧衍知道，如果再不行动，只能坐以待毙。于是，他召集部下商议废掉萧宝卷。众将一致赞同，于是萧衍大力招兵，恰好当时荆州刺史萧颖胄拥立南康王萧宝融举兵，萧衍与其联合，共同征伐东昏侯。经过一系列战事，萧衍兵临建康城下。此时南齐宫廷内部发生变乱，萧宝卷被杀，萧衍很顺利地攻入建康，于中兴二年（502）正式在都城的南郊祭告天地，建立梁朝。

萧衍称帝之后，吸取了南齐灭亡的教训，勤于政务。史书记载，萧衍不分春夏秋冬，总是五更天起床，批改公文奏章，冬天甚至把手都冻裂了。此外，萧衍还力行节俭，史书记载，他的帽子、被子等日用品常年不更换。吃的也是蔬菜和豆类，而且每天只吃一顿饭，太忙的时候，就喝点粥充饥。同时，他还大力推进官制、货币制度、礼仪制度的改革，重新修缮建康城。在萧衍的一系列措施下，萧梁政权社会稳定、经济发展、文化繁荣，达到了南朝时代的巅峰。

北朝青釉仰覆蓮花尊
文物現藏于中國國家博物館

自我得之，自我失之：梁武帝萧衍

陈庆之北伐

在内部发展的同时，萧衍在对外作战方面也颇有建树。萧梁建国初期，派遣韦睿、曹景宗等人在钟离抵御住了北魏的进攻，稳定了边境。至萧梁中期，北魏发生六镇起义，政权随之崩溃，萧衍又派遣陈庆之北伐，一度取得了较大成果。

大通二年（528），北魏军阀尔朱荣在镇压六镇起义之后，进入洛阳，大肆屠杀北魏皇室，朝局陷入混乱。北魏的北海王元颢在混乱之中投降梁朝，并请梁武帝出兵助他称帝。出于战略上的考虑，梁武帝以元颢为魏王，以陈庆之为假节、飙勇将军，率兵护送元颢北归，元颢遂于涣水称帝，授予陈庆之使持节、镇北将军、护军、前军大都督，率军向洛阳进发。

尔朱荣见萧梁军队逼近，令丘大千率众七万分筑九城，以抵御梁军。陈庆之率军进攻，一日之内攻占三城，迫使丘大千投降。随后魏济阴王元晖业又率羽林军两万来援，进屯考城（今河南民权东北）。考城四面环水，守备严固。陈庆之命部下在水面筑垒，攻陷城池，全歼两万魏军，俘元晖业，获得大胜。

此后，梁军直趋大梁，所过之处，魏军望风而降。在荥阳附近，陈庆之又遭遇了北魏主力军队七万余人，魏军兵锋甚锐，加上荥阳城坚，陈庆之攻之不克。此时，上党王元天穆大军将至，骠骑将军尔朱兆领胡骑五千、骑将鲁安率夏州步骑九千已到荥阳，同时右仆射尔朱世隆、西荆州刺史王罴等又率骑兵一万，占据了虎牢关。北魏军队约三十万人，对梁军进行了合围，一时旗鼓相望。

此刻，荥阳城还没有攻下，梁军将士感到十分恐慌。陈庆之从容不迫，他解下马鞍，喂饱马匹，然后集合将士，对大家讲道：

我们只有七千人，敌人有三十余万，在这种情况下，他们理当不会让我们生存。我们肯定不能和敌人的骑兵在平原上正面交锋，这不是我们的长处。怎么办呢？看来，我们只有发挥自己的优势，攻破他们的城垒，这样，我们才有取胜的机会。各位，历史上以少胜多的战例不胜枚举，这一路的厮杀，我们也从来都不是依靠人数取胜！现在，请大家不要自相猜疑，我们必须相互信任，上下一心，团结协作，这样，我们进必克，战必胜！

于是陈庆之亲自擂鼓攻城，勇士宋景休、鱼天愍首先登上城墙，梁军相继而入，只擂了一回鼓，梁军就攻占了荥阳，俘虏了杨昱。不久，元天穆等带领军队围城，陈庆之率三千精骑背城而战，击破了元天穆的围攻，元天穆、尔朱兆战败逃跑。陈庆之收缴荥阳的储备，收获牛马谷帛无数，又随即进攻虎牢，尔朱世隆不敢战，弃城而逃。陈庆之接着又进击大梁，攻入洛阳。

元颢入洛后，日夜纵酒，不恤军国大事，加之士兵在洛阳劫掠，令朝野感到失望。尔朱

三国吴青瓷堆塑人物楼阙魂瓶　魂瓶是三国和西晋时期独特的随葬明器，上面堆塑的仙人、瑞兽、楼阙等均展示了本土文化特色。文物现藏于六朝博物馆

自我得之，自我失之：梁武帝萧衍

荣带领从洛阳出逃的北魏孝庄帝，连同尔朱世隆、元天穆、尔朱兆、高欢等部将大军，挥师洛阳，陈庆之军队为高琳所破，陈庆之化装为僧人躲过尔朱荣大军的搜捕，辗转返回南梁。轰轰烈烈的陈庆之北伐，就这样结束了。

侯景之乱

萧衍晚年笃信佛法，他不仅每日研读佛经，还亲自去佛寺中出家。普通八年（527），萧衍第一次前往同泰寺舍身出家，三日后返回，大赦天下，改年号大通；大通三年（529），萧衍又至同泰寺举行"四部无遮大会"，脱下帝袍，换上僧衣，舍身出家，讲解《大般涅槃经》，群臣捐钱一亿赎回"皇帝菩萨"；大同十二年（546），萧衍第三次出家，这次群臣用两亿钱将其赎回；太清元年（547），萧衍第四次出家，在同泰寺居住三十七天，最终朝廷出资一亿钱将萧衍赎回。在萧衍的大力推动下，当时都城建康有佛寺五百余所，宏伟壮丽，僧尼十余万人。萧衍还从《大般涅槃经》中找到理论根据，下令僧人必须吃素。从此，汉传佛教形成吃素的传统。

太清元年正月，在政治斗争中失败的东魏大将侯景向萧衍表示归顺。萧衍很高兴，封其为河南王、大将军，并派军接应。但不久后，萧衍与东魏讲和，侯景心中不安，听说萧梁方面要遣送自己回东魏，于是决定先下手为强，发动叛乱。承平日久的萧梁腹地根本无法抵挡住侯景的进攻，于是叛军长驱直入，最后兵临建康，围困宫城。萧衍令各地军马驰援，但各路援军心志各异，在几次作战不利后就按兵不动，坐观成败，于是叛军得以继续围攻，而守卫城门的萧正德早已投靠了侯景，开城把叛军放入。听说宫城沦陷，萧衍只能自嘲感叹："我亲手夺取天下，天下又在我手上失去，我也没

什么好悔恨的了。"

宫城陷落后,侯景领军直入殿中,面见萧衍,发生了一段很有趣的对话。萧衍见侯景来,气定神闲、不慌不忙地说道:"你在军中日久,辛苦了。"侯景不知如何回答。萧衍又问:"你是哪里的人,竟敢作乱。你的妻子、儿女还在北方吗?"侯景这时害怕得汗流满面,又不知道怎么回答,直到旁边的部下替他说:"妻子和儿女都被东魏杀了,现在只有一人归顺陛下。"出殿后,侯景对身边的亲信王僧贵说:"我多年征战疆场,面对刀剑,从没有胆怯过。今日面见萧公,竟然感到害怕,难道这就是所谓的天威难犯吗?"从此再也不敢面见萧衍。

萧衍被侯景所控制,内心极为不平,多次拒绝侯景的要求,因此日常饮食被不断减少。年迈的萧衍忧愤交加,从此一病不起。太清三年(549)五月初二,萧衍躺在皇宫净居殿,嘴里发苦,索要蜂蜜不得,在发出了两声"嗬!嗬!"之后,便在饥渴交加中逝世。南朝最为繁盛的光景,也至此化为泡影。

南朝梁萧绎绘《职贡图》(局部)
图上描绘了萧衍在位时,前来朝贡的12国使者的形象。原件现藏于大阪市立美术馆

千军万马避白袍：陈庆之

陈庆之，字子云，义兴郡国山县（今江苏宜兴）人，南朝萧梁时期的著名军事将领。

出身寒门的将才

与出身京兆韦氏的韦睿不同，陈庆之出身寒门，家世不显。他自幼追随梁武帝萧衍，据说萧衍喜欢下棋，时常通宵达旦不停，对弈者常常下到一半想去睡觉，唯有陈庆之仍然精力旺盛，因此深得萧衍的喜爱和赏识。南齐末年，萧衍东下占领建康，登基称帝，陈庆之也追随左右。在强调出身的南朝，陈庆之由于家世卑微，最初只能担任主书一职，属于皇帝身边的侍从官员。后来陈庆之官拜奉朝请，同样属于地位一般的散官。不过，随着南北战争的日渐频繁，陈庆之逐渐找到了他能够发挥才能的地方，那就是战场。

六镇起义后，北魏政局逐渐陷入混乱。普通六年（525）正月，北魏的徐州刺史元法僧发动叛乱，请求归附梁朝。为了接应元法僧，梁武帝任命陈庆之为武威将军。回军后，又加官宣猛将军、文德主帅，率领两千人马护送豫章王萧综入镇徐州。当时，北魏派遣安丰王元延明、临淮王元彧率领两万军队进攻，遣先锋构筑营垒。

陈庆之率军近逼,一战便将其击溃,把徐州的局势暂时稳定下来。可惜的是,豫章王萧综一直对萧衍怀恨在心,六月的某天,他独自抛下部队逃亡北魏。天亮后,梁军找不到萧综,城外的北魏军队向他们大喊:"你们的豫章王昨夜已来到我们军中,你们还能做什么?"于是梁军溃散。魏军进入彭城,乘胜追击,梁军损失惨重。只有陈庆之组织反击,随后连夜撤退,人马得以保全。

东晋"关中侯印"金印
文物现藏于六朝博物馆

普通七年(526),萧梁进攻淮河上的重镇寿阳城,陈庆之被授予假节之权,担任指挥。北魏的豫州刺史李宪派遣其子李长钧修筑两城,与陈庆之相抗衡。但在陈庆之的不断进攻下,最终不得已献上寿阳城投降。此次作战,梁军共克五十二座城池,可谓大获全胜。陈庆之随即转任东宫直阁,赐爵关中侯。

对战北魏

大通元年(527)十月,陈庆之随领军将军曹仲宗进攻北魏涡阳(今安徽蒙城县)。涡阳是淮水前往北魏都城洛阳的重镇,军事意义关键。因此北魏派遣征南将军、常山王元昭率领骑兵、步兵十五

千军万马避白袍：陈庆之

万人赶来增援，前锋率先到达驼涧，距离涡阳四十里。陈庆之想要迎战北魏前锋，挫其锐气。同去的将领韦放则认为敌人的先锋必定是轻装精锐，即使胜利，也不能算作成功；假如战败，则会挫伤己军军威，不同意出战。陈庆之认为："魏军远道而来，已经疲惫；距离我军又远，必定不加戒备。趁着他们尚未集结，出其不意，必然获胜。而且敌人营寨周围的树林很茂盛，夜间肯定不会出动。各位如果心有疑虑，我请求独自领兵前去袭击。"于是陈庆之率所部两百名突骑兵奔袭魏军营地，击败敌军先头部队，魏军非常恐慌。陈庆之随后回师与各位将领连营进发，据守涡阳城。

梁军与北魏军队的对峙，自春至冬，大小数百场战斗，人马疲惫，士气低落。有消息称北魏援军要在梁军后方修筑营垒，曹仲宗等人担心腹背受敌，计划撤军。陈庆之则手持符节立在军营大门，慷慨激昂地说道："大家共同出征，来此已历时一年，耗费的粮草武器数量巨大。各支部队却全无斗志，都想逃脱，这怎能算是要建功立业？只不过是聚在一起掠夺罢了！我听说将士兵置之死地而后生，等到敌人全部合围，然后我们就与之决战。若确实想要撤军，我另有密诏，今天有谁违抗的，就依密诏处置。"曹仲宗佩服他的胆识，就听从了他的意见。

当时，魏军建筑十三座城寨，想要以此逼迫梁军。陈庆之在夜色掩护下，出动骑兵突击魏军，连克四个城寨，涡阳戍主王纬闻讯，以城降梁。韦放在投降的魏军中挑选30余人予以释放，让他们回到其余九个城寨，报告涡阳陷落的消息。同时，陈庆之率军随释放的魏军士卒之后，擂鼓呐喊攻击。在梁军的凌厉攻势下，魏军溃败，梁军乘势追击，俘斩甚众，涡水为之断流，又降城中三万余人，又乘胜进至城父，获得了巨大胜利。

陈庆之北伐

大通二年(528)，进入洛阳的尔朱荣大肆屠杀北魏皇室，北魏陷入巨大动乱。当时，北魏的北海王元颢降梁，并请梁朝出兵帮助他称帝。梁武帝萧衍考虑后，封元颢为魏王，并以陈庆之为假节、飙勇将军，率兵护送元颢北归。元颢在途中称帝，授予陈庆之使持节、镇北将军、护军、前军大都督诸职位。轰轰烈烈的陈庆之北伐，正式开始了。

中大通元年(529)四月，陈庆之遭遇了魏将丘大千，丘大千率众七万，分筑九城，以抵御梁军。陈庆之率军进攻，一日之内攻占三城，迫使丘大千投降。随后，北魏济阴王元晖业率羽林军两万前来，进屯考城(今河南民权县东北)。考城四面环水，城池坚固。陈庆之命部下在水面筑垒，攻陷其城，将这支北魏军队全部歼灭。

梁军一路向北，所过之处，北魏军队望风而降。五月，魏帝元子攸分派众将扼守荥阳、虎牢等地，以保卫京都洛阳。当时，北魏左仆射杨昱、抚军将军元显恭等人率羽林军七万守荥阳，陈庆之攻之不克。魏将上党王元天穆大军又随后前来，北魏军队共计30万人，对梁军进行合围，北魏军队一时旗鼓相望。这时，荥阳城还没有攻下，梁军将士十分恐慌，陈庆之解下马鞍并且喂了马，显示出自己的镇定自若。同时，他对将士们说："元天穆的士兵与我们都是仇敌。我们只有七千人，敌人有三十余万，在这种情况下，我们不能和敌人的骑兵在平原上交锋，应该攻破他们的城垒。请诸位不要各自猜疑，免得一同死在战场！"于是陈庆之亲自擂鼓攻城，只一次击鼓的时间，梁军便全部登上了城墙。勇士宋景休、鱼天愍首

千军万马避白袍:陈庆之

先登上城墙,梁军相继而入,攻占了荥阳城,据城而守。

不久,元天穆的军队保卫了荥阳城,陈庆之率三千精骑背城而战,一举击破了元天穆的围攻,鲁安在阵前投降,元天穆逃跑。陈庆之收缴荥阳的储备,牛马、谷帛都不可胜计。陈庆之随即进攻虎牢,尔朱世隆不敢战,弃城而逃。随着陈庆之的大胜,魏孝庄帝元子攸为避陈庆之锋芒,被迫撤至长子(今山西长子西)。于是元颢

北魏司马金龙墓出土俑群　队伍分为骑马仪卫俑、步行仪卫俑、步行戎装俑、侍从俑、甲骑具装俑等,可从中一窥北魏军队的组成和规模。文物现藏于大同市博物馆

进入洛阳,魏临淮王元彧、安丰王元延明率百官迎元颢入宫。元颢改元大赦,以陈庆之为侍中、车骑大将军、左光禄大夫,增邑万户。陈庆之凭借一己之力,完成了护送元颢入洛阳这一几乎不可能完成的任务。

不久,元天穆、王老生、李叔仁又卷土重来,率兵四万攻克大

梁，并分遣王老生、费穆进军虎牢。陈庆之闻后，率军奔袭，魏军又再次投降。元天穆率十余骑北渡黄河而逃，费穆听说元天穆向北逃跑，认为自己已经没有后继之力，于是也向陈庆之投降。陈庆之乘胜追击，攻占大梁、梁国。梁武帝闻讯后大喜，亲笔书写诏书，对陈庆之进行嘉勉。由于陈庆之和部下皆穿白袍，一路上所向披靡，所以洛阳城中有童谣曰："名师大将莫自牢，千兵万马避白袍。"陈庆之的北伐从铚县至洛阳，前后作战47次，攻城32座，全部获胜，所向无前，成就了中国古代战争史上的一段传奇。

不过，军事上的胜利无法完全解决中原地区的混乱政局。元颢入洛后，日夜纵酒，不恤军国大事。陈庆之的军队不满一万人，而当时拥立元颢称帝的北魏军队已经多达十万人。副将马佛念劝陈庆之偷袭元颢，占据洛阳，陈庆之没有同意。陈庆之向元颢请求南下出镇徐州，以图自保。而元颢已对陈庆之产生了猜忌，拒绝了陈庆之的请求，陈庆之也不敢再说什么。

此前，北魏战将尔朱荣为了平定六镇起义，一直在其他地区作战。随着局势的稳定，他带着从洛阳出逃的北魏孝庄帝，连同尔朱世隆、元天穆以及柔然的大军，挥师洛阳。元颢令元延明沿黄河据守，与尔朱荣对峙。陈庆之为了争取战略上的主动，带领不满一万的梁军渡过黄河，与北魏大军展开鏖战。陈庆之虽然处于绝对的劣势，但仍然阻截了尔朱荣三天，陈庆之的军队最终被高琳所破。

陈庆之虽然兵败，但仍有数千人在。当时元颢已被尔朱荣击败，陈庆之于是向梁朝撤退，尔朱荣亲自追击。梁军在南撤渡河途中，正遇山洪爆发，多数人被洪水吞没，陈庆之本人幸免于难，化装为僧人，躲过尔朱荣大军的搜捕，逃到豫州，随后辗转返回梁朝。

千军万马避白袍：陈庆之

回到梁朝后，萧衍对陈庆之大加封赏，升陈庆之为右卫将军，永兴侯，封邑一千五百户。

传奇将军

回到梁朝后，陈庆之依然不断建立战功。大同二年（536）十月，东魏侯景率七万人入侵楚州，俘楚州刺史桓和，陈庆之随后击破侯景，进号仁威将军。同一年，豫州饥荒，陈庆之开仓赈济灾民，豫州百姓请求为陈庆之树碑颂德，梁武帝下诏批准。

大同五年（539）十月，陈庆之去世，时年五十六岁。梁武帝以其忠于职守、战功卓著、政绩斐然，追赠他为散骑常侍、左卫将军，赐鼓吹一部，谥号"武"，还诏令义兴郡发500人为其会丧，备极哀荣。

陈庆之是南北朝时期最善战的将领之一。他身体羸弱，难开普通弓弩，不善于骑马和射箭，却富有胆略，善筹谋，带兵有方，深得众心。陈庆之性格低调，每次奉诏，都要洗沐拜受；生活俭朴，只穿素衣；虽身为武将，但善抚士卒，能使部下为其效死力。他率军北伐、连战连捷的故事，更是前无古人、后也难有来者的一个传奇。

河南邓县出土的南朝绘彩天马画像砖　文物现藏于河南博物院

六朝都城：建康

都城，又称国都、首都。作为中央政府的所在地，都城不仅是政治中心，往往还是经济、文化的中心，是一个国家、政权的象征，地位之重要不言而喻。中国古代历史悠久，朝代众多。出于政治、经济等诸多因素的考量，不同政权都城的区位、规划往往不尽相同。在这众多都城之中，六朝建康城，又无疑是相当特别的存在。

所谓六朝，即孙吴、东晋、宋、齐、梁、陈六个魏晋南北朝时期的南方政权。在这些政权存在的三百余年间，绝大多数时间都以建康——也就是今天的江苏省南京市作为都城，南京也因而素有"六朝古都"之称。

建业

六朝建康之地，秦汉时期本为秣陵县。作为长江下游的军事要地，汉末孙策平定江东，草创孙吴政权之际，就曾在此设置将军府。据说赤壁之战前夕，诸葛亮出使孙吴，曾路过秣陵，见地势险要，山川秀美，不由赞叹道："钟山龙盘，石头虎踞，此乃帝王之宅也。"东汉建安十六年（211），孙权也移治于此。次年，孙权在秦淮河、长江的交汇处建造了著名的石头城，又将秣陵改为"建业"——

取建功立业之意。在孙吴政权此后的历史长河中,除了孙权、孙皓曾短期以武昌为都城以外,建业是绝大多数时期孙吴的都城所在。

孙吴时代的建业城是什么样?作为一国之都,似乎理应气势恢宏,宫阙壮丽,但孙吴建业城是个例外。或是由于战乱时代的不安定感,或是由于孙权生性节俭,在定都建业将近二十年的时间内,建业城并没有修建宫殿,大帝孙权居住在长兄孙策原先的将军府中,取名"太初宫",这就算是宫殿了。身为一国之君,有大臣将军需要朝会,有后宫嫔妃需要安置。在群臣的建议下,赤乌十年(247),孙权对原府邸加以扩建,这才稍稍有了些皇宫的模样。

六朝时期的"官"字款城砖　文物现藏于六朝博物馆

改建后的太初宫,共有八个宫门。南面开有五门,其中正门为公车门;东、西、北三面各开一门,分别叫作苍龙门、白虎门和玄武门。太初宫的正殿称为"神龙殿",是朝会议事之处。就规制而言,太初宫似乎挺像模像样,但实际并不大。文献记载,太初宫周长500丈,大约相当于1.2公里。今天常见的标准足球场周长一般为400米。以面积算,太初宫相当于八个足球场的大小。在这八个足球场中,要放下朝堂、寝宫、各类官署以及宿卫防御设施,也实在是紧张得很。在此不妨做一个对比,汉代皇帝居住的未央宫周长约8.8公里,同时期的曹魏洛阳宫城周长约6公里。相比之下,大帝孙权的太初宫可以说是相当袖珍了。

  狭小的太初宫,无法满足皇室全部的居住需求,赏玩娱乐功能更是缺乏。故而此后,孙权又在太初宫以南修建了太子宫,亦称南宫。孙吴后期,末代皇帝孙皓又在太初宫以东修建了昭明宫。孙吴的中央官署,则杂乱分布于这些宫殿之间。再加上作为军事防御设施的石头城、苑城,孙吴都城建业,实际是由星散于秦淮河以北的宫殿、官署、城堡所构成的建筑群。而这个建筑群的外围,没有修建城墙。传统的北方都城,如长安、洛阳,往往精心规划、恢宏壮丽,体现了大一统王朝的气派。而位于江南的吴都建业则是自由生长,散漫随意。

建康

  孙吴政权灭亡后,建业先改名建邺,后又改名为建康,此后一直沿用至南朝灭亡。在孙吴政权之后,定都于此的是东晋政权。东晋最初的几位皇帝,如晋元帝司马睿、晋明帝司马绍,也都居住在太初宫中。不过,在晋成帝咸和年间发生的苏峻之乱(327—329)中,建康城几乎被完全焚毁。东晋政权在不得已之下,只能重新规划、修建宫殿与整个都城。这个新修的建康都城,也就是所谓的六朝建康城。

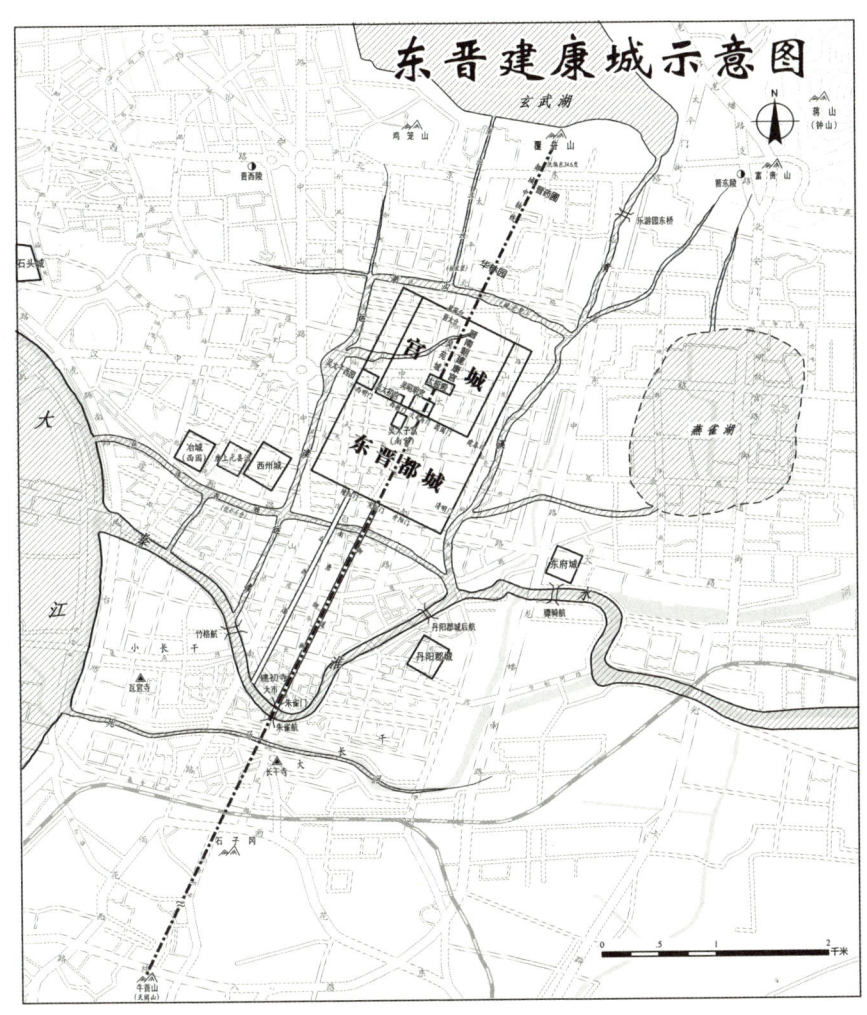

东晋建康城示意图

建康城的重修,来自当时丞相王导的倡议,担任总负责的是其堂弟王彬。王导、王彬都是永嘉之乱后南渡而来的西晋贵族高门。例如,新修建的建康城将宫殿集中在一起,在城市最北部形成了宫城区。宫城区以南,是大量集中的中央官署,它们以宫城正门向南延伸的御道为中轴线,呈对称分布,与宫城区一同形成了都城区。

这在相当人的程度上,改变了孙吴时代以来建康城的布局结构。与此同时,建康城宫殿、城门、苑囿的名称也基本以西晋洛阳城的为准。例如原先的正殿"神龙殿"改称"太极殿",公车、苍龙、白虎等城门,也纷纷换成了宣阳门、西明门等等。

莲花纹瓦当

那么,新修的建康城是否就是洛阳城的翻版呢?其实不尽然。江南终究不是中原,建康的地形地貌与洛阳存在很大不同。战乱后东晋政权所能使用的财力、人力,也相当有限。因此,尽管建康城在布局理念上可以模仿西晋洛阳城,但落实到具体城市形态上,差异仍然非常大。

建康城的特殊性

六朝建康城的特殊性,最直观的表现之一,是规模小。尽管相比于孙吴太初宫时代,东晋新修的建康城周长"二十里一十九步",约合今 8.5 公里,都城范围已经大大扩展。然而相比于西晋洛阳城"南北九里七十步,东西六里十步",周长约三十里,约合今 12 公里的规模,还是要小不少。而在北方都城中,西晋洛阳城其实算是比较小的。规模小,宫殿、城门的数量也就相应地缩减了。西晋洛阳城的正殿——太极殿呈东西约 100 米,南北约 60 米的矩形,而六朝建康的太极殿长仅二十七丈,约合今 65 米;宽仅十丈,约合今 24 米,总面积只有洛阳城的四分之一。城门数量上亦然,西晋洛

六朝都城：建康

阳城有十二门，而六朝建康城最初仅有六门。

而除了规模小，建康城与传统的中原都城还有一个很大的区别，那就是在布局上"纡余委曲"。建康城的中轴线并非正南北向，而是呈北偏东 25°。与绝大多数的中国古代都城不同，建康的宫殿、建筑、主要道路，在方位上都是倾斜的。六朝建康城不仅在方位上倾斜，城墙、道路也并非如绝大多数的中国古代都城那样横平竖直，而是时有曲折。甚至由都城南门通往秦淮河朱雀桥的最大干道——御道，也是曲折的。

人面纹瓦当

那么，为何六朝建康城在布局上如此"纡余委曲"？这与江南地区多山、多水的地理面貌密不可分。在建康城中，除了南边的秦淮河，东西两侧各有一条主要的河道：西侧河道名为运渎，东侧河道名为青溪，自东北向西南，在方向上正是北偏东向。这两条河道将建康城夹在其中，既限制了建康城的规模，也限制了建康城的方位。除了这两条主要河流，建康城中还有数量繁多的水道与连绵起伏的丘陵，在修建道路、城墙时，依山势、水势，是最为合理的选择，更展现了六朝人的洒脱飘逸。传统的中原都城，正南正北，街衢平直，具有一览而尽的恢弘气势。而六朝建康城"纡余委曲"，顺势而为，尽显自然、曲折之美。当时曾有人总结，王导、王彬新修的建康城道路幽邃，"若不可测"。对于建康城的这种特征，六朝人很

是得意。

在建筑材料上,六朝建康与传统的中原都城大不相同。传统的中原都城,无论是城墙、房屋,基本以夯土墙——即夯打结实的土墙构筑。而在建康城中,则可以看到大量的城墙、房屋以竹、木为材质。最典型的,如六朝建康的都城墙,在南齐时代以前,一直以竹篱构筑。都城墙南面正门为宣阳门,又名为白门,故当时有"白门三重关,竹篱穿不完"的民谣。位于建康都城墙以外,作为城、郊分野的外郭墙,在整个六朝时代一直也都是竹篱墙。文献记载,在建康城的外郭墙上共有五十六座城门,也都由竹篱构建,故有"篱门"之称。至于一般的房屋、围墙,用竹篱的情况就更多了。

建康城中多篱墙,与南方气候湿润、降水量大的环境关系密切。夯土墙虽然结实,然而遇水容易松散。使用竹、木构建篱墙,是最经济,也是最实用的选择。不过,篱墙的防御性要比夯土墙弱不少,那么,像宫城、军事要地这些价值重大的区域该怎么办呢?六朝人用砖头将夯土墙包住,并在墙体上修建了一系列排水设施,这样既坚固,又不惧雨水了。当然,六朝时代的砖头很贵,因此能够用上包砖墙的,只有少数区域,例如建康的宫城墙、军事要地石头城。

规制小巧、依山傍水、善用竹木,使得六朝建康在中国古代的都城中显得格外特殊,也格外灵动、秀美。有学者说,六朝建康城是天成一半,人成一半。也有学者说,六朝建康城是一座园林都市。春光和煦之际,建康新绿盎然,曲径通幽,搭配上篱墙、砖墙独有的青黛之色,是与北方中原截然不同的风景。明乎此,我们对于南朝人丘迟"暮春三月,江南草长,杂花生树,群莺乱飞"所描绘的六朝景色的意蕴,也就有了更切实的理解。

王子复国：刘渊建汉

在八王之乱发生后，中原地区陷入战乱。随着西晋政权走向崩溃，居住在中原地区的许多非汉族群纷纷建立起自己的政权，这就是所谓的十六国政权。在十六国政权中，第一个在北方中原地区打出旗号立国的，是匈奴王子刘渊所建立的汉国。那么，作为匈奴王子的刘渊，为什么会居住于中原？他所建立的国家，又为什么以汉作为国号？

文武兼修

匈奴是中国古代早期蒙古草原上著名的游牧族群。西汉时期，匈奴的骑兵号称三十万，独霸蒙古草原，与南面的汉帝国对峙，甚至一度具有压倒性优势，曾经在白登围困汉高祖刘邦的四十万大军。到了汉武帝时期，在卫青、霍去病等名将不断的进攻下，匈奴走向衰败，内部分裂为南、北匈奴两支。东汉建武二十四年（48），南匈奴投降汉朝，被汉廷内徙于云中郡，为了保护、监管投降的南匈奴，汉朝设置了匈奴中郎将等官职，对这些内徙的匈奴部落加以管理。到了汉末建安二十一年（216），曹操为了加强对南匈奴的控制，又将他们分为左、右、南、北、中五部，各部设帅、司马等官职加以治理、监督。

刘渊字元海,是匈奴首领冒顿单于的后代,南匈奴单于于夫罗之孙、左贤王刘豹之子,是一位匈奴王子,匈奴的王室与汉代有联姻关系,因此许多人以刘为姓氏。刘豹、刘渊就属于这种情况。

刘渊读书

刘渊年幼时就非常聪慧孝顺。在他七岁时,母亲呼延氏去世,刘渊伤心得捶胸顿足,号啕大哭,旁人都被他的悲伤所感动,宗族、部落的人都赞赏他的孝顺。刘渊爱好学习,拜上党人崔游为师,学习《毛诗》《京氏易传》和《尚书马氏传》,他尤其喜爱《春秋左氏传》《孙子兵法》这两部书,大致都能诵读,而《史记》《汉书》及诸子的著作,也都阅读过。

长大后,刘渊开始学习武艺,精妙出众。他臂长而善于射箭,体力超过一般人。姿态、仪表魁梧,身高八尺四寸,胡须长三尺多,心口上有三根红色的毫毛,长三尺六寸。当时,屯留人崔懿之、襄

王子复国：刘渊建汉

陵人公师彧等都善于给人看相，见到刘渊，他们都非常惊奇，认为是大贵之相，他们对刘渊都非常崇敬。魏晋的重臣太原王浑也非常喜爱刘渊，把他视为好友，并让自己的儿子王济拜见他。

屡遭猜忌

泰始六年（270）与咸宁四年（278），秃发鲜卑部首领秃发树机能击败并斩杀秦州刺史胡烈和凉州刺史杨欣，于是西晋发兵秦、凉二州，准备平定叛乱。但晋军初战溃败，晋武帝访求将帅们收复失地的办法，上党人李憙说："陛下您若是真的能够征发匈奴五部的兵众，授予刘渊一个将帅的封号，让他们向西部进军，那么，西部的秦州、凉州便指日可定。"孔恂却说："刘渊若是能够平定凉州，斩杀树机能，边境未必能安定。刘渊是枭雄人物，如蛟龙得到云雨，就难以控制了。"晋武帝于是放弃任用刘渊的打算。

后来，知名的豪杰王弥从洛阳回乡，刘渊在九曲河滨为王弥饯行，流着泪对王弥说："王浑、李憙因为同乡的缘故而对我有所了解，他们常常推荐我，可是一些人也趁机向皇上大进谗言。我本来并没有做官的想法，这一点只有您知道。恐怕我会死在洛阳，永远与您诀别了。"刘渊情绪激昂，尽情地喝酒，大声地慨叹、呼叫，声音嘹亮，在座的人禁不住因此流泪。齐王司马攸当时正在九曲，听说此事，便派人快马去察看，看见刘渊在那里，于是对晋武帝说："陛下您如果不除掉刘渊，恐怕匈奴人聚居的并州就不能够长久地安定。"但王浑劝阻了此事，他对晋武帝进言：大晋正要向非汉族群表明用诚信相待，用德政使远方的人归附，不能无端以猜忌杀人。"晋武帝同意王浑所言，最终没有杀刘渊。

咸宁五年（279），刘渊的父亲左部帅刘豹去世，西晋朝廷任命刘渊为代理左部帅。太康十年（289），晋武帝任命刘渊为北部都尉。刘渊在任期间，严明刑法，禁止各种奸邪恶行，他不看重财物，爱好施舍，与他人相交，推诚相见。匈奴五部的豪杰都纷纷投奔到他的门下，就连幽州、冀州知名的儒生，后学中杰出的人士，都不远千里来此游历。晋惠帝司马衷继位后，刘渊被任命为建威将军、五部大都督，封爵为汉光乡侯，掌握了五部匈奴的统辖权。

战国时期的鹰顶金冠饰（局部）　主体由黄金打造，鹰的头部和颈部由绿松石制成，推测为匈奴单于使用，鲜明反映了北方草原民族的装饰风格。文物现藏于内蒙古博物院

乱世建国

不久后，八王之乱发生，天下大乱，盗贼蜂起。为了能在乱世中立足，刘渊的堂祖父，原来的北部都尉、左贤王刘宣等人打算共同推举刘渊为大单于。当时刘渊被成都王司马颖控制，人在邺城。为了回到根据地并州，自立政权，刘渊向司马颖请求回故地参加葬礼，但被拒绝了。刘渊只能另想办法，告诉刘宣等人招集五部人众，会同宜阳的诸多胡人，表面上宣称响应司马颖，实际上却是要

王子复国：刘渊建汉

图谋自立。

永安元年(304),司马颖击败司马乂,成为皇太弟,然而随即又被东海王司马越、安北将军王浚讨伐,压力很大。这时刘渊又向司马颖进言,劝说他使用匈奴五部的人马作战。司马颖非常高兴,任命刘渊为北部单于、参丞相军事。然而刘渊回到左国城(今山西离石)后,便立即自称大单于,二十日之间就聚众五万,定都离石,随即在南郊筑坛设祭,自称汉王,建年号为元熙,追尊刘禅,建造汉高祖以下三祖五宗的神位祭祀,定国号为"汉"。在刘渊看来,魏晋政权都是东汉政权的篡夺者,而匈奴与两汉皇室世代联姻,有必要复兴汉室,攻灭晋朝,为东汉皇室复仇。这也就是为什么刘渊以"汉"作为国号。当然,这只是一种政治口号,不代表刘渊对汉朝真的有那么深的感情。

既然与晋朝势不两立,刘渊在建国后,随即命令其子刘聪和王弥进攻洛阳,以刘曜和赵固等人作为后继,此后的几年中,汉国与晋军不断交战,互有胜负。正在战事胶着之际,刘渊身患重病,卧床不起。永嘉四年(310)八月,刘渊去世,其子刘和即位。不久,刘渊的四子刘聪杀刘和自立,继承了刘渊的帝位。

西晋灭亡

刘聪即位后,汉国依旧不断向晋军发起进攻,很快便攻入西晋都城洛阳。汉军攻入洛阳后,纵兵抢掠,皇宫中的宫女、珍宝被掠夺一空。刘聪手下的大将刘曜杀害西晋官员、宗室三万余人,俘虏晋怀帝和羊皇后送至当时汉国的新都城——平阳。晋怀帝被掳至平阳后,被刘聪授予官爵。刘聪时常与晋怀帝宴饮,回忆过往一同在洛阳交游的往事,但始终十分猜忌、提防晋怀帝。嘉平三年

(313)正月,刘聪在与群臣的宴会中,命令怀帝为众人倒酒,晋朝旧臣庾珉见此情景,心中悲愤,号啕大哭。刘聪十分厌恶,加之当时有人流传庾珉和王浚密谋起兵,于是杀害了晋怀帝和庾珉等十多名晋朝旧臣。当时,皇太子司马邺人在长安,得知晋怀帝被杀,便即位为帝,是为晋愍帝。刘聪于是派遣刘曜率领军队不断进攻,终于在三年后攻下长安,俘虏了晋愍帝,至此,西晋正式灭亡。

然而,汉国在攻灭西晋以后,很快也走向了灭亡的道路。刘聪在俘虏晋愍帝后,志得意满,自己开始贪图享乐,将政事完全委托给太子刘粲。刘粲宠信王沈、宣怀、俞容等奸臣,对内杀害忠良,使得纲纪全无,贪污盛行,对外不断穷兵黩武。太兴元年(318),刘聪去世,刘粲即位,大将军靳准随即发动叛乱,刘粲被杀。刘曜等人趁机起兵自立,攻杀靳准,随即为了争夺最高权力而相互攻战。北方中原地区,又再次陷入频繁的战乱之中。中原统一的大业,要另外寻求英雄人物来完成,这个英雄人物,就是后来的大赵天王——石勒。

"金怪兽"一般认为是草原民族首领冠上的装饰 文物现藏于陕西历史博物馆

大赵天王：石勒

五胡十六国是中国古代史上最为混乱的历史时期之一。在这一时期，中原北方地区政权林立，社会混乱，各种政治、民族、文化矛盾异常尖锐，哪怕是能够短暂统一中原的政权，都少之又少。其中，建立后赵政权，在有生之年完成统一中原的石勒，无疑是一个具有雄才大略、极具人格魅力的君主。

志气非凡

石勒（274—333），字世龙，上党武乡（今山西榆社）人。他的祖先是匈奴别部羌渠部落的后裔。石勒的祖父、父亲都曾为部落小头目。石勒小名匐勒，据说出生时红光满屋，白气从天上直连接到庭中，看到的人都感到惊奇。文献中还有一个传说，石勒十四岁时，随乡里的人到洛阳行贩，曾靠着上东门长啸，尚书左仆射王衍见后感到惊异，回头对左右的人说："刚才那个胡人小孩儿，我听他的声音感觉到有突出的志向，恐怕将来会成为国家的祸患。"王衍派人快马去抓他，恰好石勒已经离开。当然，这很可能是石勒成名以后虚构的故事。西晋末年，石勒的军队击败了不少晋军，他成为导致西晋灭亡最重要的人物之一。

石勒长大后健壮而有胆量,雄武而又爱好骑射。他的父亲性格凶狠粗暴,胡人们多不亲近他,于是,他常常让石勒代替自己监督治理群胡,各部胡人都喜爱信任石勒。传说,石勒所居住的武乡北原山下的树木形状大都像骑兵,家中园子里长出人参,花和叶都非常茂盛,都长成人形。因此,家乡的众多父老以及看相的人都说:"这个胡儿相貌奇异,志向和气度非凡,他的前途不可估量。"

南宋袁枢编《通鉴纪事本末》中收录的"石勒灭前赵"

西晋太安年间(302—303),并州(山西大部及邻近的河北、内蒙部分地区)发生饥荒,社会动荡不安,石勒与一同做佃客的胡人逃亡走散,正碰上建威将军阎粹劝说并州刺史、东嬴公司马腾抓胡人到山东出卖以充军饷,石勒当时刚二十多岁,也在被劫掠的胡人当中,并多次被殴打、侮辱。不久,石勒被卖作奴隶。石勒在田里耕作时,常常听到鼓角的声音,他将此事告诉众奴隶,众奴隶们也听到了,于是,石勒顺便说:"我小时候在家里总是听到这种声音。"众奴隶回家后告诉师欢,师欢也感到石勒相貌奇特,于是,免除了他的奴隶身份。

大赵天王：石勒

投奔刘渊

永安元年（304），刘渊在黎亭称汉王，司马颖原来的将领阳平人公师藩等人自称将军，人马多达数万。石勒与汲桑率领牧人数百骑苑马投奔了公师藩。汲桑这时才让石勒以石为姓，以勒为名。公师藩任命石勒为前队督兵，跟随大军去邺城攻击平昌公司马模。司马模派将军冯嵩迎战，将公师藩击败，但随后濮阳太守苟晞又击败并斩杀了公师藩。石勒无所依靠，劝说张䵣督、冯莫突等人一同投奔刘渊。刘渊任命石勒为辅汉将军、平晋王，以统率张䵣督、冯莫突等。

随后的几年中，石勒作为汉国将领，与晋军作战多次，随汉军进攻洛阳，又在苦县宁平城将太尉王衍率领的十余万晋军击败，杀死太尉王衍、任城王司马济等高官、宗室，焚烧司马越的灵柩，天下大振。也正是在这一时期，石勒接触到中原士大夫与中原文化。与多数非汉族群将领不同，石勒尊重士人，在军中特意设置了"君子营"来安置投降的士人，让他们不受战乱的骚扰，也从中选拔自己的人才。最受石勒重用的军师张宾，就出自"君子营"中。此外，石勒虽然不识字，但对史书传记十分感兴趣，让自己的幕僚给他讲述过往的事实，从中汲取经验教训，其中还发生了一些有趣的故事：

某次，石勒叫幕僚读《汉书》给他听。他听到郦食其劝汉高祖刘邦把六国的后代立为王侯，汉高祖马上刻印，将要授予爵位，就大惊道："这种做法会失去天下，怎能最终得到天下呢！"当听到留侯张良劝阻汉高祖时，便说："幸亏有这个人呀！"可见石勒虽然知识有限，却很有见识。

又一次，石勒在宴会中和客人谈论古往今来的人物，趁着酒兴正浓时,他向大臣询问:"我相当于自古以来开创基业的哪一类君主?"有人回答:"陛下的神明威武宏谋大略胜于汉高祖刘邦,才略卓越绝伦超过魏武帝曹操,自三王以来没有人可相比,可以说仅次于黄帝!"石勒笑着说:"人怎能没有自知之明,你吹捧太过了!假如我生活在汉高祖的时代,我一定作为臣子为他尽力,与韩信、彭越并肩齐驱,争为人先。倘若我生活在光武帝刘秀的时代,我会和他争夺霸业,驰骋于中原,未知鹿死谁手。大丈夫行事应当如日月般光明磊落,不能像曹操、司马懿父子,欺侮孤儿寡妇,以阴谋夺取天下。我应该是位于刘邦、刘秀之间的人物,哪能与黄帝相比呢!"群臣见石勒谈古论今,言论慷慨,都顿首齐称万岁。

明代佚名仿钱选《石勒问道图》

智取王浚

刘渊去世后,汉国逐渐走向衰败,石勒此时也有了自立政权的打算。不过,究竟以哪里作为自己的根据地,他并不清楚,于是询问幕僚们的意见。此时,军师张宾点醒了石勒:"冀州的邺城有牢固的三台,西连平阳,四塞山河,有扼喉之势,理应占据。此后,讨伐叛臣,使他们归服,黄河以北平定以后,天下就没有能超出将军的了。"石勒认为有理,于是遣军北上,占据冀州。然而,当时的冀州北部还有另一个军阀,那就是幽州刺史王浚。王浚掌握着当时天下最勇猛的骑兵——乌丸精骑。在匈奴衰落后,他们成了北方草原战斗力最强的骑兵。石勒远道而来,又顾虑乌丸精骑的威名,于是设下计谋,打算智取王浚。

按照军师张宾的策略,石勒假意投降王浚。石勒于是卑屈地向王浚请降归附,在王浚使者来时更加特意让弱兵示人,并且故作卑下,接受王浚的书信时朝北向使者下拜和朝夕下拜王浚送来的麈尾,更假称见麈尾如见王浚;又派人向王浚声称想亲至幽州支持王浚称帝。王浚于是完全相信石勒的忠诚。然而,石勒一直派去作为使者的王子春却为石勒刺探了王浚的虚实,让石勒做好充足准备。

随后,石勒悄悄进兵攻打王浚,一路前进到幽州的治所蓟县都畅通无阻。进入蓟县后,石勒先以送王浚礼物为由,驱赶数千头牛羊入城,阻塞道路,之后更纵容士兵入城抢掠,并捕捉王浚,命将领王洛生送王浚到襄国并处斩,又尽杀王浚手下精兵万人,焚毁王浚宫殿,并将王浚首级送给刘聪,刘聪于是任命石勒为大都督、督陕东诸军事、骠骑大将军、东单于,并增封二郡。次年,刘聪又赏赐石勒弓矢,加封为陕东伯,专掌征伐,他所拜授的刺史、将军、守宰、列侯每年将名字及官职上呈即可。这样,石勒实际上已经成为割据一方的诸侯。他也在等待着更为成熟的时机,自立建国。

太兴元年(318),刘聪病死,太子刘粲继位后不久便被靳准所杀。石勒于是命张敬率五千兵作前锋,自己亲率五万兵讨伐靳准。与此同时,汉国的另一位大将刘曜北上讨伐靳准,于赤壁即位为帝,很快,石勒也自称大将军、大单于,领冀州牧、赵王,于襄国即赵王位,正式建立后赵,称赵王元年。随后,石勒平定了河北,又往青州消灭了曹嶷,击败了盘踞关中的刘曜,在豫州与北伐的祖逖相互拉锯,基本上完成了对北方中原地区的统一。

建立后赵

太和三年(330)二月,石勒称大赵天王,行皇帝事,并设立百官,分封一众宗室。至九月,石勒正式称帝。至此,石勒通过自己

北魏彩绘陶牵手女俑
文物现藏于洛阳博物馆

的奋斗,也得益于时局的混乱,由一个部落小帅、胡人奴隶一步步攀登,朝着天下共主的目标不断奋斗。在后赵政权建立后,石勒实行了一系列卓有成效的措施,为了北方地区的稳定与发展做出了一定贡献。

例如,石勒下令与公卿百官每岁推荐贤良方正、直言秀异、孝廉各一人,在经过国家考试之后,答卷上等的拜官为议郎,中等者的拜为中郎,下等的拜为郎中,并且让群臣尽力推荐人才,广开招贤之路。就在石勒死的那一年,他还选拔了太学生五人担任佐著作郎。

在政策法规上,石勒减租缓刑,主张依法办事,以缓和北方地区较为尖锐的民族、阶级矛盾。他曾多次下令减免赋税,赦免囚犯,还曾特意下令地方处罚犯人要按照法律规定实行。虽然依法办案在和平时期很常见,但在军阀混战、中原割据的时期,石勒能够提出这点很难得。此外,石勒见百姓久经战乱,社会秩序刚刚恢复,资源不足,于是下令禁止酿酒以节约粮食,收到了很好的效果。

建平四年(333),石勒患病逝世,享年六十岁。不幸的是,在他死后的第二年,后赵就发生政变,其侄子石虎篡位,在石虎去世后,诸子为争帝位互相残杀,后赵政权灭亡,中原地区又再次陷入混乱之中。直到二十多年后,在前秦君主苻坚的励精图治下,中原地区才再一次归于一统。

草木皆兵：淝水之战

公元383年，一场举世瞩目的大战在淮河支流——淝水上演。一方，是前秦皇帝苻坚所率领的数十万大军；一方，则是东晋将领谢玄所率领的八万军队。这场实力悬殊、看似没有任何悬念的战争，结果却大大出乎人们的意料：东晋依靠八万军队以少胜多，并趁势北伐，把边界线推进到黄河，此后数十年间再无外敌之忧。而前秦大军不仅战败，并且一溃千里，原本强盛的前秦帝国也因此迅速灭亡。那么，东晋为何获胜，前秦又为何惨败？下面我们就来看一看这场战事的前因后果。

苻坚发兵

东晋太元元年（376），权臣桓温去世，晋武帝司马曜即位，谢安升任中书监、录尚书事，总揽朝政。谢安对内安抚人心，尽力调和桓、谢两大家族关系，启用桓温之弟桓冲为荆州刺史，保证了荆州局势的安定；对外则增强军备，委任自己的侄子谢玄招募淮南江北百姓，在广陵挑选良将，训练精兵，选拔了刘牢之等人，成立北府兵，以备不时之需。就在同一年，前秦君主苻坚统一了北方地区，开始计划天下统一的大业。前秦与东晋的战争，就在这样的状况

草木皆兵：淝水之战

下一触即发。

在苻坚统一北方时，他最为信赖的谋士王猛病逝，王猛在临终前曾告诫苻坚，东晋虽然地处江南，但拥有政治、文化上的正统优势，并且朝廷团结，难以一战而胜，不可轻易与东晋开战。相反，北方虽然统一，但前秦政权内部的民族矛盾仍十分尖锐，早前投降的鲜卑、羌族等贵族野心勃勃，应当首先稳定内部，再图谋天下。最初，苻坚听从了王猛的建议。但随着时间的流逝，苻坚日渐骄傲懈怠，将王猛的忠告抛在脑后。终于，在王猛去世几年后，他决定发兵东晋，完成统一天下的霸业。

建元十八年（382），苻坚在太极殿召见群臣说："我从继承大业以来，将近三十年了。四方大致平定，只有东南一角，还没有蒙受君王的教化。我粗略计算了一下兵力，能有九十七万。我准备亲率大军东伐。你们以为如何？"面对苻坚的主张与发问，群臣亦各有意见，未达成共识。有人认为可以发兵，有人则认为东晋君臣和睦，重臣谢安、桓冲都非凡庸之人，恐怕不易取胜。群臣退下后，苻坚留下其弟苻融继续讨论，苻融认为，如今晋室上下和睦，而天象不利，且前秦军队多年征战，士兵疲惫，因

东晋持盾陶俑
文物现藏于南京市博物馆

此哭着劝谏，反对出兵，苻坚反而大怒。此后，名僧释道安、太子苻宏、中山公苻诜甚至后妃张夫人都纷纷反对伐晋，但苻坚仍然不肯放弃出兵东晋的计划。这时，早前投降的鲜卑贵族慕容垂认为应当出兵东晋，苻坚听后十分高兴，于是向慕容垂说："与我平定天下的人，就只有你一个呀！"

就这样，在朝廷的巨大反对下，苻坚仍然轻率地决定出兵。建元十九年（383），苻坚令苻融率二十五万先锋军队先行，自己则率步兵六十万、骑兵二十七万，共八十七万主力军南下。骄傲的苻坚非常自信，认为前秦的军队人数大大超过东晋，可一战而胜，便向朝臣夸耀："我坐拥百万大军，只要我一声令下，所有士兵把他们的鞭投入区区长江，足可让长江水断流，长江天险还有什么好怕的？

东晋迎战

太元三年（378）二月，苻坚派征南大将军、长乐公苻丕率领七万步、骑兵进犯襄阳，又以荆州刺史杨安率领樊州、邓州的兵众作为前锋，分多路合围襄阳，总计投入兵力十七万。襄阳守将朱序死守近一年后，于太元四年（379）二月城破被俘。此时的苻

东晋持盾陶俑
文物现藏于南京市博物馆

坚,感觉天下唾手可得,因此不仅赦免了朱序,还封他为尚书,让他出使东晋,劝降谢安等人。

同时,苻坚又派彭超围攻彭城,秦晋淮南之战爆发。谢安在建康布防,又令谢石、谢玄、桓冲等人发兵固守江淮一线,其中谢玄率五万北府兵,自广陵起兵,四战四胜,击溃了前秦的先锋部队。如此,东晋的侧翼安全得到了保障,开始将主要兵力向淮河中游的寿春、淝水一带集中。

此时,朱序也到达了东晋前线将领谢石的营帐中,原来朱序之前是假意投降,在窥探了前秦军队的虚实后,朱序建议谢石先发制人,击溃前秦的先锋部队。他说:"秦军虽有百万之众,但还在进军中,如果兵力集中起来,晋军将难以抵御。现在情况不同,应趁秦军没能全部抵达的时机,迅速发动进攻,只要能击败其前锋部队,挫其锐气,就能击破秦百万大军。"谢石起初认为秦军强大,打算坚守不战,待敌疲惫再伺机反攻。听了朱序的话后,谢石认为很有道理,便改变了作战方针,决定主动出击,在洛涧(今安徽洛河)与前秦苻融的先锋部队相遇,淝水之战的序幕由此展开。

草木皆兵

当时,驻扎在洛涧的是苻融手下的大将梁成,有五万大军。梁成是前秦名将,出身氐族豪门,其父是前秦帝国的开国元勋梁平老,是苻坚登位的最大功臣之一。梁成成年后,得到苻坚的格外重视,并且不负厚望,屡立战功。而东晋方面,在谢石的指挥下,令大将刘牢之挑选精锐五千,奇袭洛涧西岸的秦军梁成部。史书记载,刘牢之身材高大,紫色脸庞,长相极为威武,性格沉着坚毅且多谋略。每逢征战,便率精锐为大军前锋,百战百胜,是当时作战最为勇猛的晋军将领。

刘牢之受命后，原本打算乘夜奇袭梁成，但梁成在之前已击败晋军数次试探性攻击，警惕性很高，于是刘牢之部在距洛涧十里时，已被秦军发觉。经验丰富的梁成立即在洛涧西岸列阵以待，刘牢之当机立断，趁着黑夜两军相互看不清对手的多少，率五千晋军以一往无前的气概强渡洛涧，猛击秦军。前秦军队被晋军的气势所震慑，发生混乱，梁成往前线试图安抚军队，正好遇上刘牢之的主力，被刘牢之率部斩于阵中。同时，刘牢之趁着秦军混乱，分兵穿过秦营南面，绕到秦军背后切断秦军的归路。失去指挥的秦军发现晋军出现在背后时，惊恐万状，顿时崩溃。最终，包括梁成在内的十多员前秦将领战死

清代《古圣贤像传略》中的谢安像　谢安运筹帷幄，稳定了南方的东晋政权

或被俘，前秦军队阵亡一万五千人，大批的军器辎重被晋军缴获。

另一方面，当苻融攻下寿阳城，到达淝水后，发现东晋军队数量不多，只有几万，于是派使者向正率大军稳步前进的苻坚汇报："晋军兵少易擒，但就怕他们会逃走，应该尽快进攻他们。"于是苻坚留下大军，秘密自率八千轻骑直抵寿阳。然而，苻坚刚刚抵达寿阳城，就听说梁成在洛涧兵败被杀，一向骄傲的苻坚信心也动摇

草木皆兵：淝水之战

了。他得知晋军正向寿阳前进，便和苻融登上寿阳城头观察晋军动静。他看见对岸的晋兵，排列整齐，战船密布，心中觉得晋兵训练有素。再望向北面的八公山，山上长满无数草木，草木随着风不断晃动，就像无数士兵在活动，顿时大惊地跟苻融说道："晋兵是一支多么强大的对手，你怎么说他们是弱旅？"成语"草木皆兵"的典故，就是从这里来的。而苻坚的轻率冒进，也为淝水之战的失败埋下了伏笔。

淝水之战

虽然主力尚未到达，但此时在淝水的前秦军队依然有十余万，大大超过晋军。苻坚仍打算将晋军一战击溃，于是在淝水沿岸布阵列兵。谢玄的军队不能过河，于是派人对苻坚说："你们那么远到我们的疆土，却在淝水边上列阵，这是不想速战速决。请你们稍微退后一点，也好让我们的部队渡过河去同你们决战。"苻坚的部下都认为其中有诈，建议依靠淝水把晋军堵在对岸，稳扎稳打。苻坚却说："只管让军队退后，让晋军过河，我们就用铁骑数十万出击，把晋军全部再赶进河里去，彻底消灭他们。"苻融也认为应该这样，于是就指挥秦军向后退却。当秦军后移时，晋军渡水突击。朱序在秦军阵后大叫："前线的秦军败了！"秦军阵脚大乱，再也控制不住了。晋军见此，全力出击，于是大败秦军。

在混乱中，苻坚中箭，苻融临阵被杀，前秦军队溃败奔逃，自相践踏，投水而死的不计其数，甚至把淝水都堵塞住了。正在行军途中的主力人马，本来就由许多不同的非汉族群组成，他们并不想打仗，听闻苻坚在淝水大败，纷纷连夜自行逃走。而淝水战败的前秦军队，一路向北逃窜，听到风声鹤叫，都以为是东晋军队已经来到，草行露宿，再加上挨饿受冻，死去的有十分之七八。至此，淝水之战以苻坚失败、东晋大获全胜而告终。苻坚的前秦帝国，也由此分崩离析，很快灭亡了。而东晋政权，则迎来了外部环境最为缓和的黄金时期。

傅抱石《东山报捷图卷》（局部）

淝水之战是中国历史上以少胜多的著名战例，对后世兵家的战争观念和决战思想产生了久远的影响。此战的胜利者东晋王朝虽无力恢复全中国的统治权，但有效地遏制了北方非汉族群的南下侵扰，为江南地区社会经济的恢复和发展创造了条件。相反，前秦君主苻坚在时机不成熟的情况下贸然发动战争，他虽然在武力上统一了北方，但诸多非汉族群对前秦政权并没有诚心归附，苻坚也因此无法得心应手地指挥由诸多非汉族群组成的军队。从时机上而言，他率军南下有些操之过急，再加上又选择了错误的战略战术，失败也就可以理解了。淝水之战后，北方中原地区再次陷入混战之中，经济生产遭到破坏，广大民众流离失所。对此，前秦君主苻坚负相当程度的责任。

追求华夏正统：北魏孝文帝改革

在南北朝时期，占据中原的北魏政权，与先后于南方建国的刘宋、南齐、萧梁政权展开了长达一百多年的全面对抗。双方不止在战场上你来我往，攻城略地，在政治制度上、社会文化上，也展开了针锋相对的竞争。作为北方游牧民族所建立的政权，北魏在战场上往往胜多负少，但是在制度、文化方面，则较之南朝落后许多。为了在南北竞争中胜出，为了追求华夏正统的地位，北魏政权曾经实行过一场长达十数年、轰轰烈烈的改革，大大促进了北魏政治文明、社会文明的发展，这就是所谓的北魏孝文帝改革。

冯太后改革

北魏孝文帝，名拓跋宏，汉名为元宏。皇兴元年（467）生于当时北魏的首都平城（今山西大同）紫宫。拓跋宏是北魏献文帝拓跋弘的长子，母亲为李夫人，是中山大族李惠之女。三岁时，拓跋宏被立为皇太子，由祖母冯太后一手抚养成人。

在拓跋宏五岁时，拓跋弘禅位，自己做了太上皇，但实际权力仍然在拓跋弘的手中。承明元年（476），在拓跋宏刚满十岁时，由于政治权力的斗争，父亲拓跋弘被其嫡祖母冯太后毒死，但拓跋宏依然没有实权,而是由冯太后垂帘听政,改年号为太和。拓跋宏自幼在冯太后的抚育、培养下长大成人,对祖母十分孝敬,性格谨慎,在冯太后垂帘听政时,他很少参决朝政,事无大小,都要禀承冯太后的旨意。

晋代花树状金步摇　文物现藏于辽宁省博物馆

冯太后虽然手段狠毒,但足智多谋,具有丰富的政治经验和才能。为了提高国力,冯太后自太和元年(477),开始在社会风俗、政治、经济等方面进行一系列改革,有意识地在国家治理中加入汉文化因素,推动北魏政权的汉化。当然,这些改革名义上都是由孝文帝拓跋宏颁布的。因此,所谓的北魏孝文帝改革,实际分为前后两个阶段,冯太后当政期间是第一阶段,在这一阶段,主要是在经济制度上进行调整,以充实国力。例如最为著名的均田制(将官府掌握的荒地分配给民众耕作)、三长制(一种基层社会管理制度)都是在这一时期实行的。

在冯太后的长期严格教育和直接影响下,拓跋宏不仅自幼精通儒家经典,熟读史传、诸子百家,仰慕华夏文化,还积累了丰富的治国经验,增长了实际才干,这些都为拓跋宏亲政以后继续改革大业奠定了坚实的基础。

推行汉化

太和十四年(490),孝文帝拓跋宏年满二十四岁,在这一年的九月,冯太后病逝。孝文帝哀伤至极,大哭三日。从此以后,孝文帝亲政,他继承冯太后的遗志,重用汉族士人,在各方面进一步实施改革,全盘推行汉化。

改革首先发生于礼仪制度方面。孝文帝模仿此前华夏王朝的礼仪,建造明堂、太庙,确立国家的祭祀典礼,还对舜、禹、周公、孔子等先贤进行祭祀,允许群臣按照儒家礼法守丧三年。同时,设太乐官,议定雅乐,依据儒家六经,参照各国音乐志,制定声律。

在政治制度方面,孝文帝仿照华夏官制,重新确立官品,并且对州郡官吏展开严格的考核,考核成绩优良的,给予升官、赏赐,反之则给予惩罚。同时,孝文帝采纳秘书丞李彪等人的建议,按照五行学说,在华夏王朝的结构中确立北魏王朝的德运,认为晋承曹魏为金德,北魏应承晋,当为水德。此外,当时还颁布新的律令,废除了北魏初年残酷的车裂、腰斩等刑罚,改为枭首、斩首和绞刑三等,把夷五族、夷三族等酷刑加以减轻。

迁都洛阳

孝文帝改革影响最为深远的一个措施,是迁都洛阳。北魏长期定都于平城,地处边塞,气候异常寒冷,偏北的地理位置更不利于北魏对整个中原地区的统治。而洛阳位于中原核心地带,更是历代王朝定都之地,无论是在实际行政层面,还是文化心理层面,都非常有利于北魏政权逐步转变为华夏正统王朝。

为保证迁都顺利进行,孝文帝进行了周密的部署和安排。太和十七年(493)五月,他召集百官,宣称要大举伐南朝齐,计划在南伐途中造成迁都的既成事实。因为平城是旧都,盘踞着北魏贵族各种利益和势力,势必有相当一部分人不愿意迁都,同时也会阻碍孝文帝改革,因此不得不采用这样的方式。群臣反对迁都的情况,也确实发生了。在朝会上,任城王拓跋澄反对得最为激烈。退朝后,孝文帝立即召见任城王,屏退左右,向他交了底:"这次举动,的确不易。但国家兴自塞外,徙居平城,这里是用武之地,不能实行文治,今将移风易俗,实在难啊!洛阳有崤山、函谷关的坚固要塞,

北魏司马金龙墓出土的石雕伎乐柱础细部　文物现藏于山西博物院

更是历代帝王之宅。此次,我实际是想趁南伐大举而迁居中原。"拓跋澄恍然大悟,立即表示赞同。看到任城王都转变了态度,朝野之中也没有人再非议南征一事了。

事不宜迟,当年六月,孝文帝即刻下令修造河桥,以备大军渡河,并亲自阅兵讲武,命尚书李冲负责武选,选择才勇之士,并向南齐发出文告,声称南伐,又使广陵王拓跋羽持节安抚北方六镇,调发精骑。至此,迁都的前期工作准备基本就绪。

八月,孝文帝拜辞冯太后永固陵,率领百官、步骑百余万从平城出发南伐。命太尉拓跋丕与广陵王拓跋羽留守平城。临行之际,太尉拓跋丕奏请让后宫嫔妃跟随孝文帝。孝文帝为做出一心南征的模样,厉声斥责拓跋丕说:"此为军国大事,哪容儿女情长!"干脆拒绝了拓跋丕的提议。随后,大军列队出城,一路上,阵容整齐,浩浩荡荡,所过之处,秋毫无犯,经恒州、肆州,于当年九月底抵达洛阳。时值深秋,阴雨连绵,足足下了一个月,到处道路泥泞,行军困难。但是,孝文帝仍旧戴盔披甲骑马出城,下令继续进军。大臣们本来不想出兵伐齐,趁着这场大雨,又出来阻拦。孝文帝严肃地说:"这次我们兴师动众,如果半途而废,岂不是给后代人笑话。如果不能南进,就把国都迁到这里。诸位认为怎么样?"许多文武官员虽然不赞成迁都,但是听说可以停止南伐,也都只好表示拥护迁都了。

孝文帝把洛阳一头安排好了,立刻派任城王拓跋澄回到平城去,向那里的王公贵族宣传迁都的好处。后来,他又亲自到平城,召集贵族老臣,讨论迁都的事。平城的贵族中反对的人还不少。他们搬出一条条理由,都被孝文帝驳回了。最后,那些人实在讲不出道理来,只好说:"迁都是大事,到底是凶是吉,还是卜个卦吧。"

少年简读中国史·魏晋南北朝

司马金龙墓漆屏风　出土于山西大同石家寨司马金龙墓。屏风髹朱漆，分四层彩绘人物故事。文物现藏于山西博物院

|文|化|小|札|

　　司马金龙是东晋宗室后裔，其父司马楚之因刘裕代晋，从驻防的边境线上逃往平城，投靠北魏。司马楚之娶鲜卑贵女河内公主，生下司马金龙。司马金龙墓表记载其为"琅琊康王"，第一夫人为鲜卑贵女钦文姬辰，后续娶沮渠氏为第二夫人（沮渠夫人的父亲为匈奴沮渠氏，母亲出身于拓跋鲜卑）。司马金龙与两位夫人所生的孩子们及其后代亦均与北魏皇族、渤海高氏等通婚。作为东晋宗室的司马楚之这一脉的际遇，很好地诠释了南北朝时期的民族大融合，也正是这样的大融合，催生了隋的统一和灿烂的隋唐文化。

孝文帝则反驳道:"卜卦是为了解决疑难不决的事。迁都的事,已经没有疑问,还卜什么。要治理天下的,应该以四海为家,今天走南,明天闯北,哪有固定不变的道理。再说我们上代也迁过几次都,为什么我就不能迁呢?"贵族大臣被驳得哑口无言,迁都洛阳的事,就这样决定下来了。

改革旧俗

太和十八年(494),孝文帝正式宣布迁都洛阳。随着迁都的进行,大批鲜卑人源源不断地涌入内地,北魏政府又面临许多新问题:鲜卑人的服饰、打扮等都有自己的传统,多数人不会说汉语,这些都不符合中原的习俗;且新迁之民初来洛阳,居无定所,不擅农业,怀恋故土。如不及时解决这些问题,将会严重地阻碍各民族之间的交往和经济文化的发展,也不利于北魏政权的稳定。于是,在王肃、李冲、李彪、高闾等汉族士人的支持下,孝文帝立即着手改革鲜卑旧俗,全面推行华夏文化。

孝文帝先下诏禁止士民穿胡服,规定鲜卑人和北方其他非汉民族百姓一律改穿中原的传统服装,朝廷百官改穿汉魏以来的传统官吏朝服。几天后,又下诏免除迁户三年的租赋,鼓励他们在政府新授给的土地上耕种。对于一些身怀武艺,希望建功立业的北来移民,将他们量才使用,选为羽林、虎贲,充当禁卫军。

次年六月,孝文帝又正式发布诏令,禁止说胡语,如果是官员犯禁,就地免官。当月,孝文帝又发布诏令,规定迁到洛阳的鲜卑人,死后要葬在河南,不得还葬平城。之所以如此规定,是因为时人有归葬故土的习俗,葬在河南,就是代表把此处作为家乡,这是心理上与过去的生活切割开。同时,从代郡迁到洛阳的鲜卑贵族改籍贯为河南郡洛阳县,以加深对中原的心理认同。孝文帝又依据古代《周礼》中的制度,下诏去长尺,废大斗,改重秤,颁行全国。当年八月,全新的洛阳城也初步打造成,孝文帝下令将平城的后宫、文武全部迁到了洛阳。

到了太和二十年(496),孝文帝又进行了更为深入的改革——改鲜卑姓为汉姓。于是,皇族拓跋氏改姓元氏,改拔拔氏为长孙氏、乙旃氏为叔孙氏、丘穆陵氏为穆氏、步六孤氏为陆氏、贺赖氏为贺氏、独孤氏为刘氏等等,鲜卑族姓氏不再重复奇僻,而是与汉姓完全相同,鲜卑族在汉化的道路上又迈出了新的一步。为使鲜、汉两族进一步融合,孝文帝还大力提倡鲜卑人与汉人通婚。他带头纳范阳卢敏、清河崔宗伯、荥阳郑羲、太原王琼、陕西李冲等汉族大士族的女儿以充后宫,并亲自为宗室子弟迎娶汉族高门女子。在当时,婚姻关系是能够维系不同家族和集体利益的最稳定且有效的方式,孝文帝实际是希望借此手段,得到中原世家大族的支持,孝文帝还采用魏晋的门第等级制度,在鲜卑贵族中分姓定族,根据姓族的等级高低分别授以不同的官位,给予不同的特权。

至此,北魏孝文帝的改革已成规模。这一系列的改革,不仅使得北魏的国力达到最高峰,也使得北方地区的民族矛盾大为缓和,民族融合大为发展,北魏政权内摆脱了早期游牧政权的色彩,成为在制度上、文化上不逊于南朝的正统华夏文明。同时,南迁的鲜卑人与中原汉人也相互汲取养分,不断创新,共同促进了南北朝时期华夏民族、华夏文明的融合与重构。在中国古代民族融合的历史中,孝文帝高瞻远瞩的改革眼光,锐意进取的改革勇气与决心,值得后人的缅怀与铭记。

神武大帝：高欢

在南北朝后期，北魏政权政治腐败、内斗加剧，于是爆发了六镇起义。六镇起义虽然很快被镇压下去，但北魏政权也名存实亡，很快分裂为北齐、北周两个相互对立的政权。北齐政权的奠基者，就是此后谥号神武帝的高欢。他出身寒微，却又通过自己的不断奋斗建功立业，成为南北朝后期乱世中最为耀眼的一颗明星。

娄昭君嫁高欢

高欢，小名贺六浑，原籍渤海蓚县（今河北景县）。按照史书的记载，高欢的祖上十分显赫。他的六世祖高隐曾为晋朝的太守，五世祖高庆、高祖高泰、曾祖父高湖又仕慕容氏燕国，曾祖父高湖在慕容宝亡国时降附北魏。他的祖父高谧，官至北魏侍御史，因犯法被流放到怀朔镇，戍守边境。到他父亲高树生时，早已家世沦落。高欢出生时，母亲韩期姬就去世了，他是由姐姐高娄斤和姐夫尉景抚养长大的。

由于自小生长于边镇，周围都是鲜卑军人，高欢成了鲜卑化的汉人。作为贫寒子弟，高欢只能在怀朔镇做一个小兵，生活并不如意。不过高欢相貌堂堂，也正是这一点，使得他的命运产生了转机。

高欢的妻子名叫娄昭君,是北魏真定侯娄提的孙女。娄昭君少时聪明,很多豪族大家都想聘娶她,但她没有同意。当看到在城上服役的高欢后,很是吃惊,说:"此人就是我的丈夫。"于是打发婢女向高欢通告心意,并且多次赠送私财,好让他来家行定婚之礼。娄昭君的父母反对这门亲事,但娄昭君十分坚持,最终也就同意了。

北齐青釉胡人舞狮纹扁壶　文物现藏于山西博物院

娄昭君的下嫁,给高欢带来了丰厚的嫁妆,其中包括了一匹骏马。在边镇之中,拥有马匹,才能有资格当军官。高欢武艺出众,才能优秀,很快便脱颖而出,做了队主,手下有一百多人。娄昭君知道,高欢志向远大,于是倾尽嫁妆帮助高欢结交人物。渐渐地,高欢不仅在军镇中逐渐拥有名望,与来往军镇的商人们也熟悉起来。当时的镇将段长也觉得高欢相貌不凡,资质卓异,对他说:"你有康济时世的才能,这辈子不会白活!我这岁数见不到你发达了,希望你日后能照顾我的儿孙。"当时这几句小小的鼓励,也令高欢一生不忘。等他掌握大权之后,便追赠段长为司空,并提拔段长的儿子段宁为官。

讨伐尔朱兆

北魏末年,边境军队驻扎的六镇起义,天下大乱,高欢势单力薄,先后追随过杜洛周、葛荣、尔朱荣等军阀。在尔朱荣击败葛荣的战役中,高欢出力甚多,深获尔朱荣信任,于是他借机收编葛荣余众,以太行山以东的冀、定、相诸州(今河北及河南北部)作为自己的根据地。

永安三年(530),孝庄帝杀死尔朱荣,尔朱家族起兵讨伐孝庄帝,孝庄帝战败被杀,尔朱家族立长广王元晔为帝。高欢却没有参与这次行动,他选择保存实力,引二十万余众回河北。尔朱家族残暴不仁,不得人心,高欢产生讨伐尔朱家族的想法,于是在信都(今河北衡水)起兵。为了名正言顺,高欢拥立北魏宗室、渤海太守元朗为帝,正式参与到逐鹿中原的权力游戏之中。

北魏中兴二年(532),高欢初次与尔朱氏交锋,以少胜多,大败尔朱兆,俘获五千多人。不久后,尔朱氏大兵压境,高欢战马不满两千,兵不过三万,而尔朱兆有二十万之众。众寡不敌情势之下,高欢用牛驴连系在一起堵塞自家军队的退路,在韩陵一带摆成圆阵,兵无退路,都有必死之心。高欢自领中军前突,大将高敖曹将左军,高欢堂弟高岳率领右军。高欢中军迎战不利,被逼后退,尔朱兆军直扑而来。高岳率五百骑兵突前迎敌兵,高欢另外一个部将斛律敦收拾败退四散的兵士重整旗鼓从尔朱兆后面又扑上去，大将高敖曹自率一千多骑兵横击而入阵中，尔朱兆军大败。

一战而败后，尔朱家族四散奔逃。本来就首鼠两端的大都督斛斯椿等人抢先一步回到洛阳，尽杀留守的尔朱氏党羽，又立宗室元修为皇帝，即北魏孝武帝元修。高欢长女也嫁给了元修，成为皇后。北魏永熙二年(533)，尔朱兆在秀容兵败，被逼自缢，尔朱氏一族灭亡。史书记载，高欢为人深沉，富于机谋，极具军政天赋。善用人，不问地位高低，唯才是举。治军严明，将士乐为效死。这是他能够以弱胜强，战胜尔朱氏的重要原因。

高欢进入洛阳之后，实际掌握了朝廷大权，但北魏孝武帝元修不满高欢的专权，寻机逃往关中。得知皇帝出逃，高欢给元修上了四十多封奏表，但元修都没有答复。他还亲自率兵追赶孝武帝元修，也未能追上。最后不得已，高欢回洛阳后立清河王世子元善见为帝，是为孝静帝，时年十一。而此时占据关中地区的，是另一位能征善战的将领——宇文泰，宇文泰随即拥立孝武帝元修。从此，北魏分裂为东魏和西魏，高欢与宇文泰宿命的对决，也至此拉开了帷幕。

对决宇文泰

东魏天平三年(536)，高欢率大军造三座浮桥，准备抢渡黄河。第一次东西魏小关之战拉开序幕。当时，高欢派遣手下骁将窦泰为前锋，宇文泰带领西魏军突然攻来，窦泰猝不及防，东魏兵死伤殆尽，窦泰自杀。当时由于黄河冰薄，东魏人马辎重无法过去，只能撤毁浮桥回军。西魏军从后追击，高欢殿后的大将薛孤延一战之中砍坏十五把钢刀，战事异常惨烈，最终才保得高欢一行人逃脱。双方第一次交手，以高欢间接失败告终。

神武大帝:高欢

次年,不甘失败的高欢自己带兵二十万自壶口出发赶往蒲津,著名的沙苑之战由此展开。在进军途中,高欢的参谋劝说道:"西魏贼兵连年饥荒,我们最好分兵诸道,不与敌兵接战,等敌方军民饿死大半,宇文泰不死也得投降。所以我们最好别渡黄河。"大将侯景也劝告:"我军几十万士兵一举前来,万一不胜,一时难以集结兵马。不如把大军一分为二,相继而进。前军若胜,后军全力攻上;前军若败,后军可以接应,到时作为后备队出击迎敌。"高欢因报仇心切,加之轻敌,对这两条意见都没有听进去,下令进击。东魏兵望见西魏兵寥寥无几,个个贪功冒进,应有的战阵散不成形。两军相交之际,宇文泰亲自

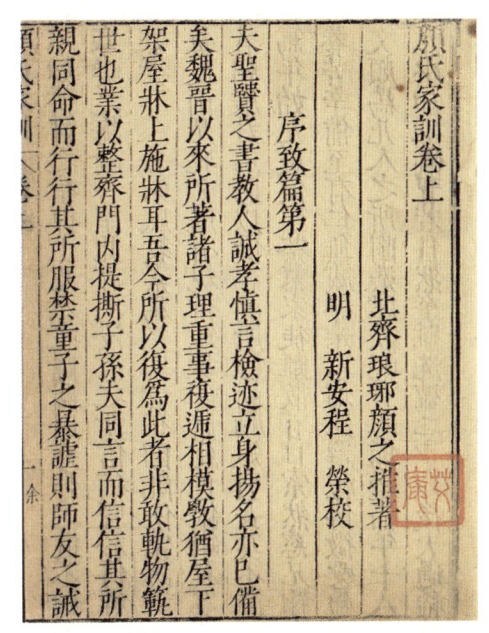

《颜氏家训》书影　该书是南北朝时期颜之推记述个人经历、思想、学识以告诫子孙的著作。北齐文化发达,颜之推携妻带子,历经艰险归服北齐

擂响鼓号,埋伏于芦苇丛中的兵士奋勇而起,李弼一支铁甲骑兵又从侧面突出横击,东魏军队被截成两段,军卒大恐,兵败如山倒。此战下来,高欢丧甲士八万人,丢弃铠甲、兵器十多万件,而西魏宇文泰经此一胜,兵精粮足,成为高欢最大的敌手。

东魏武定元年(543),东西魏的又一场大战——邙山之战揭开

序幕。当时,高欢的部将高慎投降西魏,宇文泰亲率诸军接应高慎,军至洛阳,包围河桥南城。高欢也亲自将兵十万,自黄河北岸渡河,据邙山为阵。宇文泰尽留辎重,趁夜登邙山想突袭高欢。侦察骑兵火速通知高欢,说西魏军只携兵械士粮而来,距高欢仅四十里。殊不知此招正中高欢下怀,他下令分兵摆阵待敌。黎明时分,两军相交,高欢大将彭乐以数千骑兵直冲入西魏北军,所向皆溃,一直深入西魏营内。高欢勒令鸣鼓进击,斩首三万余级,同时传令彭乐加紧追击宇文泰。

史书记载,战败的宇文泰狼狈不堪,边跑边在马上向彭乐苦苦哀求,和他说:"兔死狗烹,如果你杀了我,将来还怎么立军功呢!我的营帐中有一大袋珍宝,你去拿吧!"彭乐是粗人,受到宇文泰的蛊惑,便舍掉宇文泰,回到宇文泰营中,把一大袋财宝放在马上,奔回向高欢复命,报告说:"宇文泰侥幸逃跑,已经吓得破胆。"高欢既高兴彭乐先锋之功,又对他放走宇文泰的行为十分愤怒,于是命彭乐趴在地上,咬牙切齿良久,手中刀举了几次要当场砍下彭乐的脑袋,权衡再三,还是未忍下手。彭乐扬头乞求高欢再给他五千人马,再去追击宇文泰。高欢骂道:"你把人都放跑了,还怎么追击!"派人取来三千匹绢压堆在彭乐背上,赏其战胜之功。高欢的宽容大度、审时度势,正是他能够在乱世中凝聚人心的重要品质。

转天,东西魏两军重整旗鼓复战。宇文泰通过东魏的叛徒得知高欢本人所在的位置,三军绕过东魏主力,合击中军帐,高欢仓促之间不及应敌,营外步兵几乎全被俘虏,高欢本人的坐骑也被射死,只能仓促撤退。东魏有投降的兵士为了请功,把高欢逃跑的方向向西魏报告,宇文泰为了报前日之仇,立即召集三千敢死队,令大都督贺拔胜急追。乱阵之中,贺拔胜发现正在策马飞奔的高欢,便执槊与十三骑追赶上来,追了数里,好几次槊尖都几乎刺及高欢,幸而在此千钧一发之际,段韶拍马赶到,从旁拈弓搭箭,一箭射翻贺拔胜的坐骑,将其摔下马来,接着又射翻两名西魏骑兵。看见援兵赶到,高欢立即卷土重来,战场形势又发生变化。东魏兵大肆反攻,冲杀过来。宇文泰的阵势被冲散,难以招架,大败而逃,东魏军队则乘胜大举追击。但其余将领皆无斗志,志气衰竭,不敢再战。当时宇文泰几乎全军覆没,已成强弩之末,只要高欢军至,必死无疑。可惜的是,高欢见众将大多失去战意,便下令还军,由此错过了统一东、西魏,进而平定天下的机会。

东魏武定四年(546)十月,年过五旬的高欢又率大军十万围攻西魏位于汾河下游的重要据点玉壁(今山西稷县)。玉壁之城中,西魏名将韦孝宽的士兵不过数千。高欢十万大军,昼夜攻城,一刻不停。韦孝宽目不交睫,指挥作战。东魏苦攻玉壁五十多天,因瘟疫爆发,无可挽回,战死、病死七万多人。

玉壁久攻不下,东魏军又损失惨重,高欢忧愤发病,一病不起。一天夜里有大星坠于营中,高欢认为是不祥之兆,于是解围而走。归途中,军中讹传韦孝宽大弩射杀高丞相,为使军心不致摇荡,高欢不顾病重之身,在露天大营召集诸将宴饮,令斛律金唱出了著名的《敕勒歌》:

敕勒川,阴山下。
天似穹庐,笼盖四野。

天苍苍,野茫茫。

风吹草低见牛羊。

高欢亲自和唱,哀感流泪。

齐故乐陵王高百年墓志铭　高百年是北齐孝昭帝高演之子,高演为保全高百年性命,主动传位于高湛,高湛继位后,高百年却未得善终

次年,高欢病逝于晋阳,时年五十二。临死前,高欢嘱咐儿子高澄,指出手下的大将侯景在他死后必然造反,但只要用慕容绍宗为帅就可讨平,结果不出高欢所料,东魏的政局也因此而稳定下来。东魏武定八年(550),高欢之子高洋废黜东魏孝静帝元善见,建立齐国,史称北齐。高欢随即被追尊为太祖献武帝,后被改尊为高祖神武帝,这便是高欢被称为神武大帝的由来。

隋平陈：天下归一

隋开皇九年(589)正月初一，隋将贺若弼、韩擒虎渡过长江，开始对陈朝展开进攻，很快便攻入都城建康，俘虏了后主陈叔宝，陈朝至此灭亡。这场一边倒的战事，具体战斗过程并不精彩，但它的历史意义极为重要：在西晋统一全国后三百余年，华夏大地再次迎来了南北统一，辉煌灿烂的隋唐时代，也由此开启。那么，为何是隋代完成了南北统一？陈朝又为何如此迅速地灭亡？这就涉及两个最为重要的历史人物：隋文帝杨坚与后主陈叔宝。

杨坚称帝

隋文帝杨坚，弘农郡华阴（今陕西华阴）人，他的父亲杨忠跟随宇文泰起义关西，因功赐姓普六茹氏，官至柱国、大司空，封随国公。

西魏大统七年(541)，杨坚出生。史书记载，杨坚为人深沉少言，刚刚进入太学的时候，即使是十分亲密的人也不敢和他过于亲近。在杨坚二十七岁时，父亲杨忠去世，杨坚承袭随国公的爵位。当时的周武帝宇文邕十分看重杨坚，聘杨坚的长女杨丽华为皇太子妃。这样，杨坚不仅仅是开国功臣之子，还成为未来皇帝的岳丈，地位愈发尊贵。

宣政元年(578)六月,周武帝宇文邕去世,太子宇文赟即位,为周宣帝。杨坚的长女杨丽华被封为皇后,杨坚因为是皇后之父,被晋升为最高军事长官——柱国大将军、大司马,辅佐朝政。然而,周宣帝宇文赟自幼生长于宫内,不问朝政,沉溺酒色,杨坚便有了篡夺北周大权的计划。两年后,周宣帝去世,杨坚大权独揽。清除了以尉迟迥为的反对力量,又拉拢了一批朝臣,很快在北周大定元年(581)完成了改朝换代,登基称帝,国号为"隋"。

《历代帝王真像》中的隋文帝杨坚像

杨坚称帝后,随即下令在全国各州县"大索貌阅",所谓"大索"就是清点户口,并登记姓名、出生年月和相貌,目的在于搜括隐匿人口;所谓"貌阅",则是将百姓与户籍上描述的外貌一一核对,目的在于责令官员当面检查年貌形状,以便查出那些已达成丁之岁,而用诈老、诈小的办法逃避承担赋役的人。在此基础上,杨坚又进一步推出了"输籍定样",即每年1月5日县令出查,百姓300家到500家为一团,确定户的级别。每年每户根据不同的等级缴纳差额赋税,以均贫富,促进社会公平。通过这一系列措施,新生的隋朝夺取了许多士族豪门控制的依附民,以此扩充了兵源,增加

隋平陈:天下归一

了赋税收入,国力蒸蒸日上。出兵平陈,统一南北的计划,也就很快提上了日程。

陈后主怠废朝政

反观陈朝这边。在后主陈叔宝登基后,国力则一天天走向衰落。

陈叔宝,字元秀,小名黄奴,吴兴长城(今浙江长兴)人,是陈宣帝陈顼的嫡长子。陈顼在位期间,勤于政务,兴修水利,开垦荒地,社会经济得到了一定的恢复与发展,国力也一度强盛。太建五年(573),陈顼派大将吴明彻趁北齐大乱之机北伐,一度占有淮南,疆域大大扩展。虽然在太建九年(577),淮南又被北周攻占,但总体而言,陈顼在位期间国家安定,政治较为清明,军事防御形势也较为乐观。

不过,陈叔宝是一个自幼生长于深宫之中,不知民间疾苦的贵公子。他爱好诗歌,与众多文人在宫廷中昼夜游玩

《历代帝王图》中的陈后主叔宝

宴饮。陈朝自开国以来,因为国家弱小,宫廷陈设一直很简朴。陈叔宝却爱好奢侈,于宫中修建临春、结绮、望仙三阁。每阁都高几十米,宏伟华丽。窗牖墙壁栏槛,都是檀木做的,用金玉珠翠作为装饰。门口垂着珍珠帘,里面设有宝床宝帐。珍奇的服饰,瑰丽的器物,数不胜数。在楼阁下,陈叔宝积石为山,引水为池,种植上奇树名花。每当微风吹过,香闻数十里。

陈后主特别精通音乐,亲自创作了许多歌曲,交由后宫美人学习,再演唱给他欣赏。在游宴时,陈叔宝喜欢与嫔妃、文人共同赋写新诗,然后选用辞风华美艳丽的诗作配以新声,像这样曲调的作品有《玉树后庭花》《临春乐》等等。客观而言,在陈叔宝的提倡下,这一时期的乐曲也形成了鲜明的风格,尤其是后主对于七言句式的运用,使得当时乐曲在曲式等方面有了较大的变化,在我国音乐史上具有重要意义。

显然,作为音乐家的陈叔宝,并不是一个好皇帝。他深居高阁,整日里花天酒地,不闻外事。开皇八年(588),杨坚以晋王杨广、杨俊、杨素统领五十一万八千大军,分三路伐陈。十二月,杨素沿长江击破陈的沿江守军,顺流东下。沿边州郡将隋兵入侵的消息飞报入朝。朝廷上下不以为意,仆射袁宪请求出兵抵御,后主却不听。等到隋军深入,后主甚至还笑着对侍从说:"北齐军队曾经三次南下,北周军队两次南下,都战败而归,这次有什么好害怕的?"君臣上下歌伎纵酒、赋诗如故,似乎亡国的威胁并不存在。

隋统一全国

次年正月,正值新年,隋兵在名将贺若弼的指挥下自广陵(今江苏扬州)渡过了长江。渡江前,贺若弼使用了兵不厌诈的策略,

隋平陈：天下归一

他先将进攻陈朝的战船隐蔽起来，再买破船五六十艘置于港口，故意给陈朝造成隋朝没有水军的错觉。此外，他还让隋军沿江部队在换防之际，大张旗鼓，聚集广陵，陈军以为敌兵要发动进攻，慌忙准备，但隋军并不发一矢一镞，便匆匆而去，日子一久，陈军知是换防，也就懈怠了。贺若弼又使军队平时故意缘江狩猎，人马喧噪，声震江岸，以迷惑对方，因此隋兵渡江时，陈军并未发觉。与此同时，另一位名将韩擒虎也攻占了采石（今安徽马鞍山附近），隋兵一鼓作气，以秋风扫落叶之势连下京口（今江苏镇江）、姑孰（今安徽当涂），军纪严明，秋毫无犯，深得人心。陈军连战皆北，望风溃逃。

得知隋军势如破竹，陈叔宝这才慌了手脚，其时建康城中尚有兵十万，后主却六神无主，日夜啼泣，将朝政交给宠臣施文庆办理。隋军攻城甚急，后主慌乱中摆出了一字长蛇阵，结果大将任忠降敌，众军一哄而散，城内的文武百官纷纷逃跑，朝堂为之一空，

西安李静训墓出土的隋代白瓷鸡首壶　李静训是北周大将李贤的曾孙女，深受外祖母杨丽华喜爱，幼年早夭，杨丽华悲痛万分，予以厚葬。文物现藏于中国国家博物馆

只有仆射袁宪固守宫中，陪伴陈叔宝。陈叔宝吓得魂不附体，打算逃匿，袁宪阻拦说："隋军入城，一定秋毫无犯。并且事既如此，您还能逃往何处！请陛下整理衣冠，坐上正殿，就像当年梁武帝见侯景那样。"陈叔宝却颤声说道："我自有办法。"说罢，带着张贵妃、孔贵嫔藏入后堂景阳殿的枯井中。此时，隋军已攻入宫中，从枯井中将后主、张贵妃、孔贵嫔捞出，一面令后主下诏令陈朝将帅放下武器投降，一面接受图籍，检查府库，又将陈叔宝的宠妃张丽华，宠臣施文庆、沈客卿等人斩首。

在建康城破后，陈叔宝及不少陈朝的宗室、官员被押送至长安。但隋文帝不仅没有处死这些亡国君臣，反而优待他们，并在陈朝宗室、官员中选拔人才，授予相应官职。这些怀柔政治措施，使得南北方的矛盾大大缓和，也为隋王朝经济、文化的进一步发展创造了条件。例如，在隋唐时代十分活跃的学问家虞世南、书法家欧阳询、史学家姚思廉，都是在陈朝灭亡后，被隋朝吸纳至宫廷中的原陈朝官员。

随着陈朝灭亡，隋文帝杨坚统一了全国。南北朝时代终告结束，在这数百年的乱世中，人们经历了太多的苦难，对太平盛世从未有过如此的向往。数百年的政权更迭，也为中华文明积蓄了大量的制度、技术、知识，一旦天下安定，便会爆发蓬勃的活力。崭新、辉煌的隋唐时代，至此开始了。

魏晋南北朝大事年表

公历(年)	重要事件
184	黄巾之乱
189	袁绍诛杀宦官,董卓专权(进入群雄割据时代)
196	曹操将汉献帝迎入许县,挟天子以令诸侯
200	官渡之战(曹操与袁绍)
208	赤壁之战(曹操与孙权、刘备)
213	曹操封魏公(216年为魏王)
220	曹操去世,汉魏禅让,魏文帝即位,三国时代开始
221	刘备称帝,建立蜀汉政权,夷陵之战发生
222	孙权称帝,建立孙吴政权
226	魏文帝去世,魏明帝即位
234	诸葛亮去世(北伐结束)
239	魏明帝去世,废帝(齐王曹芳)即位,邪马台国卑弥呼朝贡
249	高平陵之变,司马懿诛杀曹爽
251	王凌谋反未遂,司马懿去世

(续表)

公历(年)	重要事件
254	废帝退位,后废帝(高贵乡公曹髦)即位
260	后废帝政变失败,元帝(陈留王曹奂)即位
263	蜀汉灭亡
265	司马昭去世,魏晋禅让,晋武帝司马炎即位
280	西晋平定孙吴,三国归一
290	晋武帝去世,晋惠帝即位,外戚杨骏专权
291	杨骏被诛(广义"八王之乱"的开端),贾后专权
300	贾后被诛(狭义"八王之乱"的开端)
304	巴氐李雄与匈奴刘渊独立("五胡十六国"的开端)
306	晋惠帝去世,晋怀帝即位,"八王之乱"终结
308	刘渊称帝,建立汉(前赵)政权
316	长安陷落,晋愍帝出降,西晋灭亡
317	晋元帝即位(称晋王,318年称皇帝),东晋建立
319	石勒称赵王,建立后赵政权
351	苻健称帝,建立前秦政权
357	苻坚即位,称大秦天王
383	淝水之战发生,前秦大败
409	刘裕北伐青齐,次年灭南燕
416	刘裕北伐关中,灭后秦
420	刘裕称帝,建立宋(南朝)政权,东晋灭亡
439	北魏太武帝拓跋焘统一北方,南北朝对立至此开始
479	萧道成称帝,建立齐(南朝)政权,宋(南朝)灭亡
485	北魏颁布均田令,孝文帝改革不断深入

魏晋南北朝大事年表

(续表)

公历(年)	重要事件
493	北魏孝文帝迁都洛阳,开始进行文化上的全面改革
502	萧衍称帝,建立梁(南朝)政权,齐(南朝)灭亡
524	六镇之乱爆发,北魏政权陷入混乱
534	北魏孝武帝元修逃往关中,北魏政权分裂为东、西魏政权
548	侯景之乱发生,次年梁(南朝)都城建康陷落
550	高洋称帝,建立齐(北朝)政权,东魏灭亡
557	陈霸先称帝,建立陈(南朝)政权,梁(南朝)灭亡
557	宇文觉称帝,建立周(北朝)政权,西魏灭亡
577	周武帝宇文邕伐齐,齐(北朝)灭亡
581	杨坚称帝,建立隋政权,周(北朝)灭亡
589	隋平陈,南北重归统一

图书在版编目(CIP)数据

少年简读中国史. 魏晋南北朝 / 陆帅著. —— 2 版
. —— 南京：南京大学出版社，2024.6
 ISBN 978 - 7 - 305 - 26986 - 8

Ⅰ. ①少… Ⅱ. ①陆… Ⅲ. ①中国历史－魏晋南北朝时代－少年读物 Ⅳ. ①K209

中国国家版本馆 CIP 数据核字(2023)第 091409 号

出版发行	南京大学出版社
社　　址	南京市汉口路 22 号　　邮　编　210093

书　　名　**少年简读中国史·魏晋南北朝**
　　　　　SHAONIAN JIANDU ZHONGGUOSHI · WEI-JIN-NANBEICHAO
著　　者　陆　帅
责任编辑　陆思洋　　　　　　　　　编辑热线　025 - 83593963
项目策划　王　静　王　俊　　　　　装帧设计　陆思洋
摄　　影　王　腾　陆思洋　　　　　插　　画　蒋汉珺

照　　排　南京南琳图文制作有限公司
印　　刷　南京新洲印刷有限公司
开　　本　787 mm×1092 mm　1/16 开　印张 9　字数 109 千
版　　次　2024 年 6 月第 2 版　2024 年 6 月第 1 次印刷
ISBN 978 - 7 - 305 - 26986 - 8
定　　价　29.80 元

网址：http://www.njupco.com
官方微博：http://weibo.com/njupco
官方微信号：njupress
销售咨询热线：(025) 83594756

* 版权所有，侵权必究
* 凡购买南大版图书，如有印装质量问题，请与所购
　图书销售部门联系调换